COLECCIONES

Ejecutiva
Superación personal
Salud y belleza
Familia
Literatura infantil y juvenil
Con los pelos de punta
Pequeños valientes
¡Que la fuerza te acompañe!
Juegos y acertijos
Manualidades
Cultural
Espiritual
Medicina alternativa
Computación
Didáctica
New age
Esoterismo
Humorismo
Interés general
Compendios de bolsillo
Aura
Cocina
Tecniciencia
Visual
Arkano
Extassy

Ken Barun

Cómo evitar que sus hijos consuman drogas

Obra publicada inicialmente con el título de:
MI HIJO, ¡NUNCA!

SELECTOR
actualidad editorial

Doctor Erazo 120
Colonia Doctores   **Tel. 55 88 72 72**
México 06720, D.F.   **Fax 57 61 57 16**

CÓMO EVITAR QUE SUS HIJOS CONSUMAN DROGAS
Título en inglés: *How to Keep the Children You Love Off Drugs:*
A Prevention and Intervention Guide for Parents
Of Preschoolers, Scool-agers, Preteens and Teens.

Traducción: Patricia Reyna Hernández Bustos
Diseño de portada: Carlos Varela

Copyright © 2000, Selector S.A. de C.V.
Derechos de edición reservados para el mundo

ISBN: 970-643-301-5

Primera edición: Octubre de 2000

NI UNA FOTOCOPIA MÁS

CONTENIDO

PREVENCIÓN

Capítulo 1

El abuso de las drogas, una bestia taimada

Pregunten a los chicos. Tal vez pocos confían sus problemas a sus padres pero todos responden, anónimamente, a las encuestas sobre el uso de drogas entre ellos y sus compañeros, con una franqueza desalentadora; los resultados son perturbadores y alarmantes para los padres. De acuerdo con el Instituto Nacional para el Abuso de las Drogas (INAD) y con el Consejo Nacional sobre Alcoholismo (CNA):

- La edad promedio en la que empiezan a consumir drogas es 13 años, y 12 si se trata de consumo de alcohol.
- Más de la mitad (57%) de los jóvenes que cursan el último año de preparatoria ha probado alguna droga ilícita, y más de la tercera parte (36%) ha probado alguna que no sea mariguana.
- Casi la tercera parte dice que todos sus amigos, o la mayoría, se embriagan por lo menos una vez a la semana.

- Alrededor de uno de cada seis de estos jóvenes ha probado la cocaína o el *crack*, que tiene gran capacidad para crear adicción.

- Las chicas del mismo grado ingieren más estimulantes y tranquilizantes que los muchachos, y casi igualan sus niveles de consumo de alcohol, mariguana, sedantes, barbitúricos, inhalantes, alucinógenos, cocaína, *crack* y opio.

- Una encuesta del *Weekly Reader* dice que casi la tercera parte de los muchachos de preparatoria había sido presionada por sus compañeros para probar el alcohol y la mariguana. Las declaraciones de los padres, sin embargo, son demasiado conservadoras e incluso ingenuas. En un distrito escolar del Medio Oeste, aunque cuatro de cada cinco padres de familia consideraban el uso de mariguana como un problema entre los muchachos desde cuarto año de primaria hasta tercero de secundaria, solo uno de cada cinco pensaba que sus hijos la consumían; pero en realidad más de la mitad de los estudiantes la había probado, y casi la tercera parte admitió fumarla con regularidad.

El abuso de las drogas en la juventud es como una bestia taimada e impredecible que puede estar gruñendo afuera, lista para arrastrar a sus hijos a la oscuridad; no obstante muchos padres prefieren ignorar su ominosa presencia. Se sienten incapaces ante la responsabilidad de proteger a sus hijos a causa de innumerables razones; algunos consideran que reconocer un problema de drogadicción en sus hijos es aceptar fracaso o negligencia de su parte, en tanto que otros se ven afectados por la crisis y no pueden reaccionar con sensatez. Por otra parte, muchos ignoran los diversos síntomas por el abuso de sustancias. La mayoría de los padres simplemente no puede dar crédito a que algo tan terrible pueda pasarle a su hijo: está más allá de su comprensión y mientras ruegan con fervor por que "eso" no le ocurra a su hijo, la bestia atrapa al muchacho.

Quizás estos padres malinterpretan las tan difundidas estadísticas que indican que el uso de drogas se ha estabilizado y creen que este cáncer mundial está cediendo, que podemos tener un respiro; pero no es así, porque, aunque los niveles totales han venido descendiendo desde 1979 (excepto por un resurgimiento en 1985), Estados Unidos aún tiene la tasa más elevada del uso de drogas ilícitas entre todos los países desarrollados. La industria de las drogas ilícitas está al nivel de General Motors y Exxon, con ventas anuales de alrededor de 100 mil millones de dólares, y el costo económico para el país del uso y abuso del alcohol excede, por mucho, esa cantidad. El doctor Lloyd Johnston, director del proyecto de encuestas entre jóvenes del último año de preparatoria, que lleva a cabo el Instituto de Investigación Social de la Universidad de Michigan para el INAD, declara que el abuso de las drogas, en efecto, se ha detenido "pero a un nivel mínimo". Considero que en esta guía práctica el lector encontrará información valiosa y planes de acción aplicables para ayudar a los jóvenes que estén por llegar a, lo que llamamos la edad de la vulnerabilidad ante las drogas: entre los 12 y 20 años. No ofrecemos sistemas científicos, diagramas o modelos, sino ejemplos de situaciones reales; no se utiliza el lenguaje impenetrable de la psicología, la sociología o la medicina, sino una plática directa, porque este libro fue escrito para los padres, no para mis colegas en el campo del tratamiento antidrogas.

Me involucré en esto hace casi 25 años; durante los primeros seis fui un adicto a las drogas, y no esperaba llegar a mi cumpleaños número 25, bajo la influencia de una mezcla de sustancias que incluía mariguana, pastillas, alucinógenos, cocaína y heroína. Desde mi recuperación en Cenikor —uno de los centros de rehabilitación más antiguo y reconocido—, he trabajado intensamente con jóvenes adictos, primero como consejero y luego como funcionario ejecutivo del centro. Nuestro programa atrajo de tal forma la atención nacional que, después de las visitas del presidente Reagan y su esposa, asumí el cargo de director de políticas y proyectos para la primera dama en la Casa Blanca donde, de 1985 a 1987, ayudé a poner en práctica la campaña antidrogas de la señora Reagan. En la actualidad, soy vicepresidente y director ejecutivo de Ronald McDonald Children's Charities, cuyos proyectos en beneficio de los niños incluyen programas de prevención y tratamiento contra las drogas, y soy miembro de la Conferencia Nacional de la Casa Blanca por una América Libre de las Drogas (National White House Conference for a Drug-Free America).

No soy psiquiatra, ni psicólogo, ni médico; a decir verdad nunca me he considerado un profesional en el cuidado de la salud; adquirí mi educación sobre el abuso de drogas de la manera más difícil: estando a punto de morir en el proceso, y aunque han pasado más de 15 años desde que me recuperé y las cicatrices en mis brazos se han borrado, la angustia y la desesperación de aquellos años estarán siempre fijos en mi memoria. Como padre de cuatro hijos, albergo las mismas inquietudes respecto a ellos que ustedes por los suyos. Así que este libro está escrito de un padre a otro.

En este campo no se puede confiar exclusivamente en información sobre las drogas, que puede ser anacrónica o inexacta, porque no solo la variedad de las drogas ha cambiado, sino que también su composición química puede diferir por completo de la que tenían hace años. Tal es el caso de la mariguana. Hoy es 20 veces más poderosa que la *cannabis sativa* que se cultivaba hace una década. Además se ha comprobado que la mariguana tiene más agentes causantes de cáncer que el tabaco. Ya no es el vicio inofensivo que muchos investigadores de renombre creyeron que era.

Mi mensaje incondicional para los padres es que *no* hay drogas inofensivas y que ninguna es aceptable —incluidos el alcohol y los cigarros—. La mayoría de los muchachos se convierten en adictos a través de los cigarros, el alcohol y la mariguana.

De acuerdo con el doctor Robert L. DuPont, los muchachos de entre 12 y 17 años de edad que fuman cigarros, tienen:

- El doble de probabilidades de consumir alcohol.
- Nueve veces más probabilidades de ingerir depresivos y estimulantes.
- 10 veces más probabilidades de fumar mariguana.
- 14 veces más probabilidades de consumir cocaína, alucinógenos y heroína.

Si usted se aferra obstinadamente a actitudes como: "En mi adolescencia usé las drogas con 'responsabilidad' y no me hicieron ningún daño", o: "Probar drogas es solo una fase del proceso de maduración emocional", espero que cambie de idea antes de hacer a un lado este libro, porque, si bien es cierto que no todos los muchachos que han fumado mariguana o que se han embriagado terminan como yo, también es verdad que *uno* de cada 10 se vuelve farmacodependiente y nadie puede decir quién será ése sino hasta que es demasiado tarde. Siempre que los jóvenes se involucren con las drogas, no hay seguridad de que no serán parte de ese 10% que queda atado a la adicción física o psicológica hasta que la muerte —o el tratamiento, si aún es tiempo— los aparten de ella.

Las probabilidades de que su hijo sea víctima de un homicidio son de una en 90 para los chicos y de una en 275 para las chicas. Pero la amenaza del alcohol y las drogas es mucho mayor.

¿Está dispuesto a arriesgar la salud, la felicidad y aun la vida de su hijo?

La primera sección de este libro es *Prevención*. Con frecuencia los padres, educadores y políticos reaccionan ante la crisis de las drogas cuando se ha manifestado sin lugar a dudas, por lo que apoyo una acción *previa* en lugar de una *reacción*, para tener así la esperanza de que nunca necesiten leer los capítulos sobre *Intervención*. Pocas son las personas que prueban las drogas después de los 20 años de edad, como afirmó el doctor DuPont, así que, si puede proteger a su hijo hasta entonces, tendrá una gran oportunidad de llegar a ser un adulto sano.

Los capítulos de *Prevención* detallan:

- Las razones por las que los jóvenes estadunidenses se aficionan a las drogas.
- Cómo guiar a su chico hacia otras alternativas diferentes.
- Cómo crear en el hogar una atmósfera propicia para criar a un hijo libre de la drogadicción.
- Cómo educarlo acerca de las drogas.

Los capítulos de *Intervención* incluyen:

- Lo que necesita saber acerca de cada droga y sus efectos.
- Cómo identificar las evidencias del abuso de drogas.
- Qué pasos seguir y qué reglas rigurosas establecer una vez que comprobó la existencia del problema.
- Qué esperar del tratamiento.
- Qué curso seguir en caso de que todo lo demás falle.

Aunque las estrategias de prevención e intervención se presentan a lo largo del libro, estoy consciente de que no se puede aplicar un solo método a todos los muchachos, por lo que una de las metas de este libro es aguzar la sensibilidad de usted para determinar lo que será mejor para su hijo. Otra de las metas es desarrollar la habilidad de comunicación. Para ello he incluido ejemplos de programas detallados de acción que le permitirán educar con mayor efectividad acerca de las drogas, o le permitirán enfrentarse con calma y de manera productiva a quien sospeche que consume drogas.

Otro propósito de este libro es aumentar su conocimiento acerca del mundo de su hijo. Los adolescentes de hoy enfrentan mayores presiones que las generaciones anteriores y merecen respuestas prácticas de sus padres, sobre todo en lo que a drogas se refiere. Decir "no" a las drogas es un comienzo, pero desarrollar de veras la habilidad del joven para rechazar los ofrecimientos de los amigos, requiere mucho más que un esfuerzo intenso.

En ocasiones los instaré a que sean firmes con sus hijos; nunca es demasiado cuando se trata de las drogas y de los hijos que aman.

Admito que con frecuencia soy duro con los muchachos, pero soy igualmente duro con los padres respecto a sus obligaciones, y a veces parece que las responsabilidades que les adjudico son abrumadoras. Créanme, me identifico con usted porque sé que el problema de drogadicción de un muchacho puede parecer una experiencia interminable, que pone a prueba su determinación. Además es natural el temor de no ser capaz de conservar intactos su cordura, su matrimonio o su familia, pero podrá hacerlo porque ama profundamente a su hijo, y su negativa a permitir que las drogas se lo arrebaten le brinda gran fuerza interior y gran tenacidad.

Es ingenuo creer que las drogas desaparecerán alguna vez de nuestra sociedad. En esta batalla, la mejor arma es educar a los hijos en forma adecuada, e inculcarles valores positivos en que puedan apoyarse cuando sus amigos intenten persuadirlos para dar una fumada a un cigarrillo de mariguana, o para probar la cocaína. Al haber elegido este libro, usted ha dado el primer paso para ayudar a sus hijos.

Yo nunca sonreía. La historia de un adicto

Era una escena que se repetía una y otra vez: un chico de 16 años jugaba baloncesto en la cancha desierta cuando otro muchacho atraía su atención desde la orilla, mostrándole un cigarrillo de mariguana. Curioso, y a la vez ansioso por estar a la par con otros adolescentes que se pasaban el cigarrillo, el chico le daba una fumada; no era una experiencia inocente, sino el primer paso hacia el oscuro mundo de las drogas. El barrio era un suburbio de la clase media de Nueva York; el año, 1964, con una sociedad en el umbral de la proliferación del abuso de las drogas, que continúa hasta hoy. Ese chico era yo. Me fui pensando: *Mariguana, ¿qué tiene de especial*?, y mi único "viaje" fue la aprobación de mi compañero por haber dado una fumada a un cigarro de aroma dulce.

Un año después me transfirieron a una escuela militar. Pronto me adapté al ambiente y empecé a comportarme en consecuencia. Pero cuando estaba en casa me sentía como fuera de lugar con mi apariencia severa. Además estaba en boga la creciente resistencia de mi generación a la guerra de Vietnam, por lo que me sentía como un paria con mi ropa militar, y las costumbres liberales acerca de las drogas y el sexo, solo me confundían más. Estaba entre dos fuegos.

Un fin de semana fumé mariguana en una fiesta. Con la música maravillosamente estridente me sentía, en palabras de Pink Floyd, "agradablemente aturdido". Mis preocupaciones y confusiones acerca del futuro, así como los conflictos con mis padres parecían disiparse junto con el humo. Me gustó esa sensación, y me di cuenta de que en su etapa inicial las drogas bloquean el dolor emocional. Poco a poco la yerba se fue convirtiendo en parte de mi vida social. Los fines de semana iba con mis amigos a los conciertos de rock y, ahora que ya no iba a la escuela militar, había cambiado mi indumentaria por pantalones de mezclilla y sandalias. Me dejé crecer el pelo y la barba para ir de acuerdo con mis nuevos amigos "inconformes". En realidad éramos parte de la generación *hippie* burguesa, y para nosotros todo era "tranquilo".

Me volví paranoico y apático, excepto los meses en que consumía mariguana de modo habitual. Iba a una escuela liberal en el barrio de clase alta de Southampton, Long Island, en donde los estudiantes nos dedicábamos a fumar mariguana y a faltar a clases; teníamos fiesta aun entre semana. Una noche en que trataba de estudiar con mirada somnolienta, me ofrecieron anfetaminas y pocos minutos después de tomarlas me sentí despierto y alerta. Cuando necesitaba dormir, alguien me daba barbitúricos para contrarrestar las anfetaminas. Las drogas parecían ser tan precisas como las matemáticas: una para levantarse, más una para relajarse, igual a cero. Para alguien que sentía que se le escapaba el control de su vida, la noción de que podía recuperarlo al ingerir pastillas, era muy atractiva. Así, poco a poco, las drogas fueron dominando mi vida; yo no lo veía —no podía verlo— de esa manera. Solo ahora me doy cuenta qué irónico era que muchos de la generación de los años sesenta nos manifestáramos enérgicamente contra los opresivos poderes del gobierno y las empresas, y al mismo tiempo abandonáramos en los fármacos nuestra mente y cuerpo.

Frenaba mi entusiasmo la convicción innata de que el consumo de las drogas era algo malo. Mis padres me habían inculcado valores positivos por lo que, cada vez que las consumía, sentía aflicción y remordimiento y, para acallarlos, consumía más droga; así caí, gradualmente, en un círculo vicioso.

Más tarde, mis padres compraron una casita de campo en Montauk, Long Island, que tanto para mis amigos como para mí se convirtió en un centro de recreo del opio. Cada noche teníamos festines con langostas que atrapábamos en el mar, papas que caían de los camiones de carga, mariguana y pastillas. Nunca nos preocupó la policía, pues en temporada baja, el lugar era quieto, solitario, y las luces de un auto se podían ver a una milla de distancia. Una noche, uno de los muchachos sacó de su bolsillo un sobre de celofán que corrió de mano en mano para examinarlo. Entonces blandió una jeringa casera hecha con un gotero y una aguja de acero y preparó aquello. El resto observaba como si se tratara de un rito sagrado; el muchacho vació con suavidad el sobre en una cuchara, le agregó algunas gotas de agua y calentó la mezcla con la llama de un cerillo hasta que hirvió; el polvo se disolvió casi de inmediato. Puso la mezcla en la jeringa, se ató un cinturón al brazo, se buscó la vena y se inyectó. Sus ojos giraron y su cabeza se balanceaba, antes de caer en la semiinconciencia. Cuando volvió en sí, levantó la jeringa pidiendo voluntarios y su mirada se fijó en mí. Reí nerviosamente y me negué, pues temía a las jeringas. Él, tratando de tranquilizarme, me dijo que la aguja no penetraría la vena, solo la piel. Acepté para no parecer cobarde. Cuando me inyectó, la sensación fue indescriptible: náusea, después una descarga de euforia que me recorrió el cuerpo (como la electricidad a través de un alambre de cobre), calidez y serenidad. Supe que la heroína "era la droga para mí". Todo lo que recuerdo de esa noche es un grupo de gente drogada, disperso en la casa, que solo decía incoherencias.

Temeroso de convertirme en adicto, evité consumirla durante un tiempo, pero pronto el uso de la droga se impuso. La imagen que tengo de mí como adicto es que *nunca* sonreía.

Claro que no fue casual cuando contraje hepatitis por compartir jeringas, y tuve que dejar la escuela a causa de las faltas a clase. Mi piel tomó un color amarillo cadavérico; pero estoy seguro de que si esto hubiera sucedido 15 años después, no hubiera sido hepatitis, sino sida. Cuando me recuperé volví a los lugares de drogadicción: edificios ruinosos, habitados por prostitutas, distribuidores de droga y malvivientes.

Suena increíble, pero durante todo ese tiempo mis padres parecían no tener idea de que algo andaba mal conmigo. No existen fotografías mías de esa época, mis padres las destruyeron quizá por vergüenza. Mortificados por mi apariencia y desconcertados por mi comportamiento errático, no enfrentaron el problema, tal como yo había elegido eludir los míos. Así, una vez en el Día de Gracias, bajo los efectos de la heroína, me fui de bruces sobre mi plato, y ¿cuál fue la reacción de mis padres? "Está cansado", dijo mi madre impasible. ¿Cansado de qué, si no trabajaba ni estudiaba?

Tiempo después, decidí irme de Nueva York y reiniciar estudios en Florida. Estaba decidido a regenerarme, pero un día antes de irme recorrí las calles de Manhattan para conseguir las dosis necesarias para el camino. Me mentía pensando que la dejaría al llegar a Florida. Pocas semanas después de haber llegado, me reunía con los adictos de la ciudad; no era necesario buscarlos: era como si nos juntáramos por instinto.

La mayor parte del tiempo la pasaba drogado en un pequeño y miserable departamento. A veces intentaba preparar panecillos, que resultaban incomibles... pero no necesitaba comer si tenía heroína. Cuando acabé con mi dinero, empecé a pedirles a mis padres, lo que finalmente les hizo abrir los ojos.

Cuando fríamente confesé a mi padre que era adicto a la heroína, en realidad pedía ayuda con desesperación. Como respuesta, mis padres volaron de inmediato a Florida y me llevaron al hospital. Después de negar algo tan obvio durante tanto tiempo, su reacción fue preguntarme: "¿Cómo pudiste hacernos esto?", y no respondí, porque ni siquiera comprendía cómo pude hacerme algo así a mí mismo.

Después de 10 días de desintoxicación, por medio de un narcótico sintético llamado metadona y algo del absurdo ritual psiquiátrico, me dieron de alta. Todos lo creímos así; pero en aquel tiempo, con el tratamiento antidrogas aún en su etapa inicial, pocos profesionales lograban que sus pacientes se curaran en definitiva, así que días después de haber dejado el hospital regresé a mis antiguos hábitos.

Con el tiempo llegué a inyectarme hasta 10 veces al día y sufría el tormento de la abstinencia por lo menos una vez a la semana, cuando no podía conseguir la droga o no tenía suficiente efectivo para comprarla; pero a pesar de mi esclavitud, me daba cuenta de que si seguía así iba a matarme. Entonces, por impulso, me fui de viaje con un amigo, veterano de Vietnam. El medio y el sistema social pueden conspirar contra el adicto con deseos de reformarse, pero mi creencia de que un cambio de atmósfera era la respuesta resumía la desilusión de mí mismo, de un adicto. No importaba que me fuera a Australia, de algún modo conseguiría heroína. Los adictos son personas con muchos recursos.

Así, en lugar de irme a Australia recorrí Dallas, donde conocí a Sarah, mi primera esposa, una chica de 19 años, hermosa y honesta. En Texas encontré empleo con un traficante de cocaína. Yo era el minorista y él, el mayorista. Como buen vendedor probaba la mercancía para asegurarme de su calidad, hasta que las existencias desaparecieron en mi nariz. Cuando mi proveedor se enteró vino a buscarme, supongo que para mandarme a la tumba que de cualquier manera parecía ser mi destino; pero Sarah —que en aquel entonces estaba encinta—, me salvó la vida interponiéndose desafiante entre ambos.

Desaparecía durante días para andar con un nuevo grupo de adictos y, tras esas desapariciones, Sarah me acusaba de tener una amante. Tenía razón, solo que mi amante era la heroína. El sexo no tenía ni la mitad de los atractivos que me ofrecía el inyectarme, perder la conciencia y despertar en inmundos callejones o en lugares de mala muerte. El día que nació mi hija yo estaba drogado. Me sentí tan culpable por la mirada de resentimiento y odio de Sarah, que al salir del hospital me intoxiqué aún más y destrocé el auto.

La heroína mataba el remordimiento como la penicilina las bacterias. Después de una amarga visita a mis padres, nos fuimos a Houston. Allí tuve una embolia a las coronarias causada por las drogas. Estuve en el hospital durante semanas; los médicos me dijeron que por un momento estuve muerto en la sala de urgencias. Me ubicaron en terapia intensiva con otros 12 pacientes, la mitad de los cuales no sobrevivió. Sarah decidió que no podía tolerar más y durante mi convalecencia se fue con mi hija; no las vería más que una vez en los siguientes 10 años. Nunca la culpé por eso. No me preocupó su regreso a Dallas ni el abandono de mis padres. Tampoco entré en razón cuando un amigo íntimo murió por una sobredosis; pensaba que él se había equivocado, pero que a mí no me pasaría otro tanto porque era muy listo. Sí, yo era muy listo.

Caí hasta el fondo después de salir del hospital. Vivía debajo de un puente, en la inmundicia. Calentaba latas de frijoles, con el aspecto de un vagabundo sucio y desaliñado. Mi físico se había deteriorado: pesaba 75 kg y mi piel tenía una palidez espectral. Cuando mendigaba algo de dinero en las esquinas, los transeúntes me miraban sin verme... incluso los que parecían reconocerme.

Por fin me dije: *Tienes que hacer algo* porque, aunque había perdido la voluntad de vivir, no tenía valor para morir. Así que fui a ver a una monja católica, la hermana Amelia, quien dirigía un programa de rehabilitación a base de metadona. Ese mismo día inicié una semana y media de tortuosa desintoxicación. Al final era absolutamente infeliz, incapaz de funcionar sin fármacos. De ahí fui enviado a un centro de transición, en el que antiguos adictos en vías de rehabilitación vivían, trabajaban y recibían terapia. Recuerdo que al entrar observé un letrero que decía: "Si trae algo, déjelo afuera". No llevaba nada, y entré.

Residente del lugar, escuché acerca de un programa antidrogas con mucho éxito, llamado Cenikor, que se había iniciado en Lakewood, California, en 1967, con planes para establecer instalaciones en Houston. Me aceptaron en Lakewood, pero tenía que costear mi estancia, así que me quedé temporalmente en el centro de transición, donde trabajé pintando casas por 100 dólares. Era el primer dinero que ganaba honestamente en años.

Por lo regular el tratamiento duraba año y medio, pero cuando llegué intentaba terminarlo en dos o tres meses, a lo sumo. Se convirtieron en dos años de terapia rigurosa. Cada día de ese lapso fue necesario para deshacer el daño considerable causado en los cinco años anteriores. En Cenikor encontré consuelo, tanto en el personal como en los residentes. Toda mi vida había estado buscando gente así: hombres y mujeres que hubieran tenido las mismas experiencias, la misma dependencia de las drogas, el mismo tipo de sentimientos. Podía hablar con ellos, ser dolorosamente honesto, porque sabía que comprenderían. Aprendí mucho de mí mismo al escucharlos y, gracias al hecho de que ellos ahora estuvieran limpios, trabajando y riendo, empecé a creer que si el programa pudo funcionar con ellos, tal vez funcionaría conmigo.

Las cosas empezaron a ir mejor, empecé a sentirme y verme diferente, aunque solo hacía labores domésticas en las instalaciones. Y un día sonreí... me sentí extraño: no estaba acostumbrado.

Después de que me gradué en el programa, me volví a casar y a partir de entonces mi vida cambió por completo. Como resultado de mi autopercepción recién encontrada, me di cuenta de que tenía aptitudes para los negocios y para coordinar gente. Así, ascendí dentro de la corporación y en 1980 llegué a ser director de consejo, presidente y ejecutivo en jefe.

Tengo que admitir que todo esto suena improbable, tanto que deliberadamente resté importancia a las situaciones por temor a que la gente pensara que tengo una imaginación muy viva, y si lo cuento una y otra vez no es para impresionar a nadie, sino para probar que la drogadicción puede atrapar a cualquiera.

Las drogas y el mundo de sus hijos

Tal vez no sea la analogía más original, pero es real: educar a un hijo libre de las drogas es como cultivar una flor, porque un joven, física y emocionalmente en desarrollo, requiere que sus necesidades sean satisfechas hasta que pueda bastarse a sí mismo. Sin embargo, antes de sembrar la semilla, cualquier jardinero consciente sopesa factores como la fertilidad de la tierra y la cantidad de sol que recibirá la flor, y una vez que empieza a crecer, vigila tanto a la planta como al ambiente.

Usted es el jardinero, padre de un muchacho que casi llega, o ya llegó, a los años de vulnerabilidad ante las drogas, y su responsabilidad es proteger de yerbas intrusas a su preciosa flor.

Fomentar el desarrollo y bienestar de un jovencito requiere que usted participe y conozca el universo del muchacho: su casa, la escuela, sus actividades fuera del colegio y su ámbito social.

En los dos capítulos siguientes exploraremos el mundo del muchacho actual, ese mundo encerrado tras la puerta de una recámara cubierta con carteles. Una vez que usted se dé cuenta de las intensas presiones a las que está sujeto su hijo para ingerir alcohol o consumir drogas, de las inseguridades que pueden inducirlo a buscar aceptación a través de un comportamiento erróneo, y de su confusión acerca de los valores contradictorios de nuestra cultura ante las drogas, podrá guiarlo y disciplinarlo con más efectividad y proporcionarle fundamentos morales sólidos.

La pregunta que se hacen todos los padres es: "¿Dónde aprendieron nuestros hijos a consumir drogas?". De nosotros, los adultos. Así que, antes de querer impresionar a su hijo sobre los peligros de las drogas, es necesario que usted haga un honesto y cuidadoso inventario de su actitud y de sus adicciones.

¿Se identifican usted o su cónyuge con el siguiente ejemplo? El padre (o la madre) llega a casa después de un terrible día de trabajo, se deja caer en una silla y suspira diciendo: "Necesito una copa". Se la prepara y cuando la bebe, exclama: "Ahora me siento mejor". Mientras tanto su hijo(a) de cinco o 15 años está en la misma habitación, absorto(a) en la televisión. Algunas veces olvidamos que los chicos nos observan tan cuidadosamente como nosotros a ellos pero, a diferencia de los adultos que procesamos la información, los niños juzgan nuestras acciones en forma literal y no siempre pueden adecuarlas al contexto. Por esta razón, el padre ficticio del ejemplo anterior, aunque en apariencia solo bebe para relajarse, en realidad está dando a su hijo un ejemplo nocivo de cómo manejar la tensión.

Un incidente aislado tal vez no cause daño grave, pero multiplicado varias veces, durante un periodo prolongado, puede hacer creer a los muchachos que las copas de papá o las píldoras de mamá son sinónimo de sentirse mejor, y *todos* queremos sentirnos mejor, ya sea para librarnos de la melancolía o para estar eufóricos. La próxima vez que tome una cerveza, o un remedio para el dolor de cabeza o incluso un paquete de helado, esté consciente del mensaje subliminal que transmite: "Hago esto porque quiero y es aceptable con moderación", o "Lo hago porque lo necesito". Elimine la palabra "necesito" de su vocabulario. Imagine la mente en desarrollo de su hijo como una computadora que se satura rápidamente con impresiones, y dele sólo aquellas que sean antidrogas y antidependencia.

No olvide que antes de la adolescencia usted es el ejemplo a seguir para sus hijos, todo lo que quieren es ser "como mami" o "como papi". Sin lugar a dudas, es maravilloso que su hijo lo imite, pero también es un serio recordatorio de que es su responsabilidad proporcionarle un modelo positivo. Los padres ejercen gran influencia sobre él, aun cuando el muchacho busque su identidad propia a través del llamado comportamiento opuesto, que son los diversos grados de rechazo a los valores y códigos de conducta aceptables de los adultos.

Con base en un estudio familiar publicado por el Instituto Pacífico para la Investigación y Evaluación, los hijos están más propensos a las drogas, si sus padres:

- Fuman cigarros.
- Abusan del alcohol o son alcohólicos.
- Consumen drogas ilícitas.
- Utilizan cualquier fármaco para ayudar a dominar la tensión.
- Comunican una actitud ambivalente o positiva hacia las drogas.

La investigación del INAD muestra que 20.5 millones de adultos, de 35 años o más han tenido alguna experiencia con drogas ilícitas, y que 6.6 millones se drogan. Una encuesta realizada entre alumnos de secundaria en California, proporciona más evidencias. Según ellos, de los adultos que conocían:

- Uno de tres fumaba mariguana o hachís ocasionalmente, y aproximadamente uno de cada cinco lo hacía con regularidad.
- Uno de cada cinco consumía cocaína ocasionalmente, y uno de cada 10 con regularidad.
- Uno de cada tres tomaba pastillas ocasionalmente, y uno de cada 10 con regularidad.

El consumo de drogas, tabaco y alcohol en los padres

Ser padre es muy similar a enrolarse en el ejército; si detesta el sonido de la diana o siente escalofrío ante la simple idea de un corte de pelo militar, la solución es sencilla: no se enrole. Lo mismo sucede con la paternidad.

La mayoría de los padres se da cuenta, por lo menos intelectualmente, de que el uso de las drogas y la paternidad son incompatibles; sin embargo, quien piense que puede ser indulgente con sus vicios y educar a niños libres de drogas, se engaña a sí mismo. Una de las imágenes más deplorables que he visto era parte de un reportaje de televisión acerca de una pareja que había incitado a su hija de 13 años a fumar mariguana. La chica lo hizo por sentir la aceptación de sus padres.

Mi postura al respecto es inflexible: los padres no deben utilizar *ninguna* droga. Si usted utiliza alguna, déjela de inmediato por el bien de sus hijos y por el propio. Si su esposo(a) lo hace, exíjale que solicite ayuda profesional. Algunas veces, si una persona no se ha arruinado por completo, la insistencia de un ser amado y las obligaciones de la paternidad pueden ayudarlo a rehabilitarse.

La regla de *no abusar* de las drogas se aplica tanto a las legales como a las prescritas, y siempre que emplee un medica-

mento, explíquele a su hijo por qué lo hace. En casa las únicas
sustancias que tenemos son vitaminas. No obstante, un día mis
hijos quisieron saber qué cosa eran las pastillas que tomaba por
las mañanas. Les expliqué para qué servían e hice hincapié en
que nunca tomaba pastillas para alterar mi estado de ánimo,
para "sentirme bien".

Recomiendo a los padres que se deshagan de todos los fármacos, incluso de aquellos cuya fecha de caducidad no se haya
vencido o que se usen esporádicamente, porque un botiquín
demasiado surtido implanta en la mente del niño la idea de que
"en esta casa dependemos de las drogas", y representa un peligro potencial, ya que los niños pueden imitar a sus padres tomando pastillas, a veces en dosis letales. En una ocasión mi hijo
de ocho años ingirió el contenido de un frasco de Tylenol y
tuvimos que llevarlo al hospital para que le lavaran el estómago. Al día siguiente nos deshicimos de todos los medicamentos,
excepto los estrictamente indispensables. Además mi esposa y
yo, con toda intención, no compramos medicamentos de sabores para niños o de los que se fabrican con la forma de los per-
sonajes de las caricaturas, porque los niños empiezan a verlos
como dulces y a disfrutarlos. Sé que este tipo de medicamentos
facilita la tarea de dar la medicina a los niños, y sé lo difícil que
esto puede ser con un niño renuente a ingerirla, pero si usted
quiere que su hijo haga gestos cada vez que lo vea destapar un
frasco, y *quiere* que asocie las drogas con algo desagradable, si
es amargo, mejor.

Otra razón para deshacerse de las pastillas y cápsulas es que
para algunos jóvenes el botiquín de sus padres representa una
fuente conveniente de drogas. Ahí encontrarán algunas de las
20 mil millones de dosis de drogas psicoactivas legales en Estados Unidos. Poco después de haber descubierto la mariguana,
empecé a hurtar los barbitúricos que le habían prescrito a mi

padre. Era la locura de las pastillas de los años sesenta, y su botiquín era un verdadero tesoro para un adolescente que deseaba drogarse, porque junto a la crema para afeitar había valium y seconal, y yo podía vaciar cada cápsula, reemplazar su contenido con harina, y regresarla al frasco.

Ahora bien, ¿los padres pueden fumar? Depende de qué tan comprometidos estén con la educación de un niño libre de drogas; porque el tabaco, una droga de iniciación, es la primera sustancia que crea dependencia y que la mayoría de los jóvenes prueba. Como se observó antes y veremos con detalle en el Capítulo Tres, una de tantas razones por las que un muchacho acepta las drogas es para sentirse adulto, y fumar lo identifica con una actitud adulta. Por esta razón los niños cuyos padres fuman tabaco tienen un riesgo mayor de ser fumadores, lo que sugiere la pregunta: ¿podría usted vivir sabiendo que fue responsable indirecto del primer paso de sus hijos hacia las drogas? Yo no. Durante años fui fumador ocasional, hasta que encontré a mi hijo mayor, entonces de dos años, chupando un cigarro que había sacado de la cajetilla que dejé a su alcance. No hubo mayor incentivo para dejar el hábito.

¿Por qué otro motivo no debería usted fumar? No creo que tenga que enumerar los peligros del tabaco: alrededor del 80% de los casos de cáncer pulmonar corresponde a fumadores, quienes representan menos del 33% de la población adulta de Estados Unidos, de acuerdo con la Sociedad Estadunidense del Cáncer y comprobado primero por el Consejo Consultivo para la Inspección General de Sanidad del Servicio Público de Salud de Estados Unidos, en su informe de 1964, *Smoking and Health*. Si esto no es suficiente para convencerlo, considere los riesgos para la salud de sus hijos, ya que un flujo colateral del humo del cigarro va a dar a los pulmones de quienes viven con el fumador, convirtiéndolos en "fumadores pasivos". Este flujo no está diluido, contiene mayores porcentajes de alquitrán, nicotina y gases nocivos que el humo exhalado. Los informes de la citada sociedad afirman que los niños desde recién nacidos y hasta de un año de edad, tienen el doble de probabilidades de padecer bronquitis o neumonía si alguno de los padres, o ambos, fuma.

Ni las drogas ni el tabaco están permitidos. Entonces, ¿no quedará ningún vicio para los padres? No deberíamos ingerir alcohol, pero su uso está tan compenetrado con nuestra cultura que la mayoría de la gente se rehúsa a dejar de tomar una cerveza mientras ve un partido de futbol, o a dejar de tomar un vaso de vino con la comida, y si sugiero una regla de abstinencia de licor es probable que usted renuncie a leer este libro; pero sí diré que los padres deben beber con sensatez porque la sobriedad de sus hijos depende de ello. El Consejo Nacional sobre Alcoholismo (CNA) afirma: "La actitud y el comportamiento de los padres ante el uso del alcohol son los mejores medios para predecir los hábitos de los adolescentes respecto a la bebida".

¿Qué puede usted hacer para beber con moderación y transmitirle a su hijo una actitud responsable ante el alcohol? Por experiencia sé que no es fácil responder cuando su hijo le pregunta por qué bebe. Cuando nos sucedió a mi esposa y a mí, no supimos qué contestar, dimos una excusa trivial y cambiamos el tema; sin embargo, desde entonces aprendimos que lo mejor es la honestidad y, si nos preguntaran ahora, responderíamos que nos agrada el sabor. En este caso, usted confía en su habilidad como padre para controlar la situación sin ponderar demasiado los efectos placenteros del licor, de lo contrario lo haría aparecer muy atractivo; pero al mismo tiempo no niegue la existencia de personas que disfrutan las propiedades del alcohol para alterar el estado de ánimo. Siempre es mejor la honestidad, porque su hijo algún día tomará cerveza y se dará cuenta de que no se le quedará la espuma en la boca, como usted había afirmado, y dejará de creerle.

El siguiente paso es admitir que lo que usted hace está mal. Diga algo así: "Beber no es bueno para nadie, incluso muchas personas piensan que es tonto; pero soy una persona adulta y, después de pensarlo cuidadosamente, he decidido que voy a beber un poco de vez en cuando porque me agrada", y si su hijo pregunta: "Entonces, ¿por qué yo no puedo?", respóndale: "Porque tú no eres un adulto y la ley prohíbe que los menores beban. Cuando seas mayor de edad podrás decidir; pero estoy seguro de que serás más sensato que yo y no beberás en absoluto". Subraye: "El alcohol, como todas las cosas, puede ser dañino si se consume en exceso; si te comes un dulce no es malo, pero si te comes toda la bolsa puedes enfermar. Yo nunca bebo al grado de no poder tomar decisiones sensatas o de causarme algún daño." Si su hijo intenta aplicar esta lógica al tabaco o a las drogas, hágale notar las diferencias: "Esto no es aplicable al tabaco o a las drogas porque ambos son veneno; si tomas arsénico, no importa si solamente tomas un poco de todas maneras vas a enfermar, y aunque no te sientas mal de inmediato, con el tiempo el veneno dañará tu salud física y mental".

Practique estas y otras respuestas para que cuando llegue el momento inevitable, pueda contestar racionalmente, con calma y sin parecer hipócrita, y habrá convertido en positiva una situación dañina en potencia.

Usted transmite su postura ante el alcohol no solo a través de sus hábitos, sino también a través de su actitud hacia quienes beben en exceso; a los niños les crea confusión que se les ordene no beber porque es un hábito indeseable y escuchar comentarios aprobatorios al respecto. Evite hacerlos delante de su hijo, aun si son a la ligera. Dígale, en cambio, que los ebrios son personas ruidosas y molestas, a quienes los demás evitan. Descríbale gráficamente los desagradables efectos de las borracheras, incluida la sensación de martilleo en la cabeza durante la cruda, la tradicional posición adoratoria ante el excusado, y no omita los miles de muertes al año causadas por conducir en estado de ebriedad. Esas son las imágenes de la intoxicación que usted quiere que su hijo tenga en mente.

Es necesario agregar que cuando haga reuniones en casa, evite invitar a quienes beben en exceso.

Los padres que no beben no deben suponer que esto los absuelve de hablar del tema con sus hijos. El CNA sostiene que los muchachos en cuyos hogares uno o ambos padres no beben, pero tampoco hablan del tema, son tan susceptibles al alcoholismo como aquellos cuyos padres beben. En ambos casos se han establecido patrones nocivos.

Los padres tienen mucho qué enseñar a su hijos acerca del tabaco, el alcohol y las drogas, pero su afirmación más elocuente sobre el tema es la que expresan con sus actos.

Los mensajes de los medios publicitarios

¿De qué otra manera reciben los niños imágenes positivas sobre las drogas y su lugar en nuestra vida? De los medios publicitarios. Todos los días los niños reciben un alud de propaganda en pro de las drogas, que algunas veces es subliminal pero siempre es premeditada. Desde una edad relativamente corta, se les condiciona para que crean, por medio de los anuncios impresos o de los comerciales televisivos, que para cada dolor hay un medicamento que lo cura: si sufre de insomnio, tome una píldora; si tiene pereza tome una seudoanfetamina derivada de la cafeína. Mi educación inicial sobre drogas fue a través de los comerciales de televisión de los años cincuenta.

El CNA ha afirmado que el niño promedio ve en televisión el consumo del alcohol 75 mil veces, antes de llegar a la mayoría de edad. A veces las señales son contradictorias, como cuando al acalorado anuncio antidrogas de un actor, auspiciado por el sector público, le sigue otro de una bebida… con ese mismo actor promocionándola.

¿Cómo persuaden estas imágenes a los niños? En una encuesta realizada en 1987 por *Weekly Reader*, se averiguó que la televisión y el cine tenían la influencia más profunda para hacer que las drogas y el alcohol parezcan atractivos a los niños de primaria, y en un estudio realizado por la Oficina de Alcohol, Tabaco y Armas de Fuego (Bureau of Alcohol, Tobacco and Firearms) se encontró que los adolescentes y los adultos jóvenes que habían estado más expuestos a los anuncios de alcohol, impresos y televisivos, tenían el doble de probabilidades de encontrar la bebida más atractiva, aceptable y compensadora que aquellos que habían estado menos expuestos. ¿Qué puede hacer un padre que intenta llevar una educación antidroga, si la caja electrónica está prendida siete horas y cinco minutos por día en un hogar promedio, amenazando con debilitar su esfuerzos? La respuesta es vigilar ocasionalmente los hábitos televisivos de los chicos. Esto no significa que usted va a censurarlos, porque una respuesta así solo los incitaría a escabullirse a la casa de su mejor amigo para ver lo que tanto molesta a sus padres, o esperarán hasta que usted salga de casa para prender la televisión.

Si considera que los valores promovidos por un programa en particular son imprudentes, utilícelo como catalizador para hablar sobre ello. Explique sus objeciones a su hijo y hágalo participar al pedirle su opinión.

Apagar súbitamente el televisor o sentarse frente a él sonrojado, e ignorar el tema, no enseña nada al niño. Si su hijo está viendo una película en la que un ebrio maneja su auto por la carretera sin que le pase nada, haga notar lo afortunado que es, que más de la mitad de las muertes en carretera se deben al abuso del alcohol, y agregue: "Sé que tú eres demasiado listo como para subirte al auto de alguien que esté trastornado". Solo necesita cinco segundos para dar un consejo amoroso, sin caer en una interminable conferencia acerca del alcohol.

No todos los programas relacionados con el alcohol y las drogas son negativos; por ejemplo, el doctor Lloyd Johnston, del Instituto de Investigación Social de la Universidad de Michigan, reconoce que las noticias acerca de la epidemia reciente de *crack* ayudan a detener la ola de abusos. Además se han hecho numerosos documentales especialmente para los niños y se trasmiten fuera del horario escolar. Véalos con sus hijos siempre que pueda. Obtenga tanta información de su hijo como le sea posible, para poder medir qué tan involucrado está, si es ése el caso, con el alcohol o las drogas. Si su hijo le dice con indiferencia: "Claro que sé lo que es el *crack*, mamá. Son esas bolitas blancas que parecen jabón", debe estar alerta porque su conocimiento puede provenir de las clases que imparten en la escuela sobre prevención contra las drogas, o de la experiencia directa con sus compañeros.

Supervisar lo que sus hijos ven por televisión es relativamente fácil, pues se lleva a cabo en su propia casa; pero ¿cómo saber qué películas ve, ya que pocos adolescentes que se respeten van al cine con sus padres? Algunas maneras de hacerlo son preguntar a otros padres acerca de las películas que ven sus hijos, o leer con regularidad las reseñas de los periódicos. Ambas son, tal vez, formas más exactas que los sistemas inciertos de evaluación de la industria del cine, puesto que muchas películas clasificadas para todo público no son sexualmente explícitas pero sustituyen con desnudos las alusiones a las drogas y escenas donde se abusa del alcohol.

El surgimiento de la encomiable campaña "El rock contra las drogas" en anuncios de televisión, no tiene que ver nada con dinero, sino con el hecho de que durante años una nueva generación de artistas ha visto morir a innumerables estrellas talentosas a causa del abuso de las drogas, y está tratando de llevar a cabo un cambio en la actitud del público hacia el uso de fármacos.

Los padres deberían estar al tanto de esto y tener interés en la música que sus hijos escuchan, pero su interés debe ser objetivo. Los jóvenes necesitan una figura artística y héroes a los que puedan llamar suyos. Es una manera de establecer una identidad propia, diferente a la de sus padres, aunque sea una copia al carbón de la de millones de otros muchachos.

Cuando su hijo esté fuera de casa, examine las canciones de algunos de sus discos. Es probable que no sean más ruidosas que la música con la que usted creció. No obstante, si algo le parece ofensivo, exprese a su hijo su punto de vista. Se sorprenderá al saber que está de acuerdo con usted en casi todo, pero que nunca lo hubiera dicho sin su estímulo.

Las drogas, siempre presentes en la historia de Estados Unidos

A pesar de que los medios publicitarios son culpables de ayudar a moldear los puntos de vista de nuestra cultura respecto a las drogas y el alcohol, en general simplemente reflejan una orientación constante. Sin duda alguna es una aberración que, junto con la libertad de expresión, el uso de sustancias para aliviar el malestar físico y emocional sea parte de la herencia de nuestra nación, aunque la mayoría de los estadunidenses a lo largo de la historia ha considerado detestable el abuso de las drogas.

Ya en 1790, Estados Unidos estaba minado por el exceso de bebida. Incluso entre los devotos y dogmáticos puritanos, la intoxicación llegó a ser una amenaza pública tal, que el gobierno recién formado aprobó una ley federal de racionamiento a un cuarto de pinta de brandy, ron o whiskey para cada soldado. Pero el alcohol no era lo único que se consumía. Hacia mediados del siglo XIX, grupos aislados de la población habían descubierto la euforia que causa el opio, un narcótico hecho del jugo deshidratado de la amapola. Al difundirse sus propiedades para alterar la mente, y como los médicos lo prescribían de manera indiscriminada, el número de adictos a esta droga se disparó a unos 200 mil, a fines del siglo pasado. Cuarenta años después, un artículo en *The New York Times* afirmaba que en Estados Unidos había un millón y medio de usuarios de la droga. Tal vez era una exageración, pero indicaba la silenciosa diseminación de la plaga.

En 1906 se inició una ráfaga de legislación antidroga, con la Ley de Alimentos Puros y Drogas a nivel federal, apoyada por los crecientes controles de tráfico de drogas, que pareció calmar este irritable volcán durante los siguientes 50 años; pero a principios de los cincuenta se dejaron sentir signos de actividad, cuando las autoridades notaron un aumento perceptible en el consumo de mariguana y heroína. 10 años después, la aparente calma se interrumpió por una violenta erupción que ejerció su ruinosa influencia en el país, y no se ha detenido hasta hoy pues, de acuerdo con el Instituto Nacional para el Abuso de las Drogas (INAD), en 1962 solo el 4% de la población consumía alguna droga ilícita, y 25 años después la cifra se elevó a 37% (70.4 millones de personas).

La historia sugiere que tener el privilegio de la ciudadanía en el país con el nivel de vida más elevado del mundo, ha exigido un tributo que tal vez hemos descuidado, y el descuido nos impidió examinar de manera crítica las ramificaciones de nuestra búsqueda frenética del progreso.

No es una coincidencia que el primer brote de abuso de las drogas ocurriera en la cúspide de la Revolución Industrial del siglo XIX. El país avanzaba con firmeza a la vanguardia en la industria, la ciencia y la terapéutica, curando todavía las heridas de la Guerra Civil. Parecía que de la noche a la mañana la sociedad agrícola y comercial se había convertido en una sociedad moderna e industrial. Las ciudades crecieron, eran más bulliciosas y congestionadas; la mano de obra se especializó y reclamaba más; un pueblo cada vez más efímero y versátil dejó atrás a las extensas familias sustentadoras, y el efecto acumulativo fue una vida más complicada y llena de tensión. Junto con los rápidos avances de la tecnología llegaron los valores cambiantes y los movimientos sociales, como el otorgamiento del voto a los negros, y el aumento del ímpetu de las sufragistas. El mundo y sus exigencias crecieron de manera tan brusca que ciertos ciudadanos no pudieron soportar la tensión, y abundaban las quejas por insomnio y nerviosismo.

Algunos adictos insistían en que utilizaban drogas como si fuera un deber nacional, para aumentar su productividad en el trabajo.

Los años sesenta fueron para el siglo XX lo que los años setenta para el XIX: una década de reformas sociales y tecnológicas sin precedentes. Al frente del país estaba un presidente joven y vibrante, que hablaba con optimismo de la Nueva Frontera pero, como se había visto un siglo antes, con las nuevas fronteras llegaron los retos que no todos podían afrontar con éxito. Los tiempos, como cantaba el trovador Bob Dylan, estaban cambiando de nuevo. Esta vez teníamos en nuestras vidas diarias la carrera espacial y la carrera armamentista.

El abuso de las drogas entre la juventud se volvió un síntoma desenfrenado del rechazo a los valores de los mayores y un desdén a la autoridad; parecía que la contracultura, como se le llamó, dijera: "Necesitamos drogas para vivir en este mundo". Personas como el antiguo psicólogo de Harvard, Timothy Leary, y otros partidarios del alucinógeno LSD, pregonaron elogios a la expansión, químicamente inducida, de la mente, y una multitud de jóvenes carentes de afecto les hicieron coro. Asimismo, las drogas ilícitas se convirtieron en el condimento de una nueva moralidad, con más libertad sexual, que se había puesto de relieve con la introducción de la píldora anticonceptiva en 1960.

La droga ilícita más popular era la mariguana, una planta que podía cultivarse en el jardín, o en la ventana del dormitorio de la universidad, lo que la hacía particularmente atractiva para los jóvenes que apoyaban un movimiento en pro del regreso a la naturaleza. Pero había otra forma más insidiosa de abuso que se infiltraba en los hogares: el mal empleo de las drogas legales. Mientras que en el siglo XIX miles de personas involuntariamente se convirtieron en adictas del opio recomendado por el médico, en la mitad del siglo XX la causa fue la prescripción excesiva de tranquilizantes, a tal grado que un psiquiatra de Beverly Hills llegó a recomendar con toda seriedad que se pusieran en las esquinas máquinas vendedoras de sedantes.

Los ideales utópicos de la contracultura se marchitaron pronto sobre todo en lo que a las drogas se refiere, pues las muertes relacionadas con las drogas, de ídolos de la cultura *pop* —como Brian Jones, Jimi Hendrix, Janis Joplin y Jim Morrison—, fueron evidencia innegable de que las llamadas drogas fuertes eran peligrosas. Pero no se había definido un juicio sobre la mariguana, ensalzada como inofensiva o condenada como el paso previo a la heroína, y la Comisión Nacional sobre la Mariguana, en 1973 tomó una sorprendente postura benévola al respecto, al concentrarse en lo que con acierto pronosticaba como el flagelo de la década siguiente: la cocaína.

El uso de esta droga entre los estudiantes de los últimos años de preparatoria se convirtió en más del doble entre 1975 y 1985, año en el que aproximadamente uno de cada cinco la había probado. El nivel disminuyó ligeramente en 1986 y otro tanto en 1987, pero aún es motivo particular de preocupación, según hace notar el doctor Lloyd Johnston, director de proyecto del Instituto de Investigación Social de la Universidad de Michigan.

Lo positivo es que desde 1980 el uso del resto de las drogas ha disminuido, en algunos casos en forma significativa. El INAD, con base en una encuesta nacional entre estudiantes de años superiores de preparatoria, de la Universidad de Michigan, publicó los datos siguientes:

- La mariguana, cuya prevalencia llegó a su máximo nivel en 1979 (cuando el 51% de los alumnos afirmaba haberla fumado ese año), cayó al 36% en 1987, el nivel más bajo desde el inicio de la encuesta de 1975.
- Los alucinógenos llegaron a tener cifras del 12% en 1979, y disminuyeron al 4% en 1987.
- Los barbitúricos bajaron del 11% en 1975, al 4% en 1987.
- Los tranquilizantes disminuyeron del 11%, en 1975 y 1977, al 6% en 1987.
- La metacualona disminuyó del 8% en 1981 al 2% en 1987.
- Los estimulantes disminuyeron del 20% en 1982 al 12% en 1987.
- El PCP disminuyó del 7% en 1979, al 1% en 1987.
- Los narcóticos derivados del opio —excepto heroína— disminuyeron del 6%, de 1975 a 1981, al 5% de 1982 a 1987,

excluido 1985, año que registró un ligero repunte.
- Los nitritos de amilo y butilo disminuyeron del 7% en 1979 al 3% en 1987.

Esas cifras son conservadoras, ya que el número de deserciones escolares es muy elevado y no se incluye en la encuesta y, aunque indican que el abuso de las drogas en los adolescentes se detuvo a fines de la década de los setenta, en 1987 los niveles del uso de heroína seguían siendo los mismos del año anterior, mientras que los de los narcóticos a base de opio, los del LSD y los del alcohol, disminuyeron. Aun con el beneficio de dos décadas de conocimiento del abuso de drogas, en la década de los noventa los mensajes antidrogas se ven contrarrestados por la penetrante glorificación social del consumo de alcohol y drogas.

Ya hemos examinado cómo se manifiesta esta situación en el hogar y a través de los medios publicitarios, pero el otro factor es que con frecuencia los adictos son estrellas del deporte, actores, figuras políticas o personalidades públicas muy conocidas, a quienes los muchachos respetan y quieren emular.

Las presiones del proceso de maduración

Al llegar a la edad adulta, inexplicablemente los recuerdos de la infancia se vuelven selectivos y se ven con exceso de romanticismo. Muchos padres desconocen por completo el mundo y los sentimientos de sus hijos, porque su propia adolescencia se ha hecho borrosa en sus recuerdos.

Cuando los padres se alejan de la realidad de sus hijos, tienden a dar poca importancia a sus problemas. Muchos padres están atrapados en un reino de cuentas por pagar y por presiones diversas, así que la ansiedad de su hijo a causa de un maestro severo no parece tan importante como la ansiedad de papá a causa de un jefe obstinado. Pero para el muchacho, que enfrenta los problemas por primera vez, es igualmente real y junto con su angustia llega el miedo por no saber cómo enfrentarlos, puesto que desconoce los mecanismos necesarios para ello, mismos que los adultos cultivan en forma gradual a través de la experiencia y los reveses.

Hay un antiguo proverbio, muy común entre los ex adictos: "Nunca olvides de dónde vienes". Este es un buen consejo para los padres; recuerden, pero *realmente* recuerden, lo que fue ser niño: la forma como oscilaban sus emociones; las inseguridades, y cómo en esos tiempos, cuando estaban abrumados por las dificultades de la juventud, querían que sus padres tomaran en serio sus emociones. Mis padres no siempre hicieron eso. Ahora que soy padre, cada vez que veo a mis hijos parece como si me viera a mí mismo a esa edad.

Sensibilidad y empatía son atributos preciosos para cualquier padre porque, en la actualidad, los niños necesitan mucho de ambas. Cada generación tiende a creer que sus años de desarrollo fueron los más difíciles, pero dudo que muchos adultos cambiarían lugares con los jóvenes de hoy pues, aunque cuentan con el beneficio de sistemas de apoyo que nosotros no tuvimos, desde temprana edad y durante un corto periodo de tiempo, los muchachos de ahora tienen que tomar decisiones cruciales: beber, tomar drogas o participar en el sexo, o no. Las tasas de alcoholismo, drogadicción, embarazo y suicidio entre la juventud son tan elevadas que asombran, y esto se debe a que muchos jóvenes no están emocionalmente preparados para tomar decisiones tan importantes; no pueden comprender las implicaciones de sus actos y aún tienen que desarrollar un sentido de identidad propia, así como la firmeza para resistir la presión de los amigos y la tentación. Es comprensible que algunos chicos se sientan abrumados, como blancos móviles en una galería de tiro. Por desgracia, en lo que al uso de drogas entre los jóvenes se refiere, el empleo del estribillo *demasiado*, *demasiado pronto*, es muy común.

En lugar de menospreciar o pasar por alto la ansiedad del muchacho, admita lo mucho que tendrá que esforzarse para ayudarlo a salir adelante con algo que usted nunca ha experimentado. Quienes creen sinceramente que la vida era mejor antes, y los valores eran más saludables años atrás, tal vez estén en lo correcto; pero nunca podremos hacer que esos tiempos regresen.

Examinemos algunas de las tensiones aceleradas que enfrentan los muchachos, para apreciar mejor las múltiples razones por las que se refugian en las drogas. Primero están las tensiones que aquejan a los niños de todas las generaciones:

- Aparentemente no se les considera por lo que son, sino por lo que pueden llegar a ser.
- No tener opiniones o sentimientos que los adultos tomen en serio.
- La ansiedad acerca de los cambios del cuerpo, el desarrollo de la sexualidad y el futuro.
- La búsqueda de la identidad propia, y al mismo tiempo el deseo de ser aceptado por los compañeros.
- Sentirse atrapado entre la adolescencia y la edad adulta; desear tener tanta seguridad como independencia.

Si esto último parece paradójico es porque la vida de los jóvenes actuales está llena de contradicciones. La amenaza de las enfermedades trasmitidas a través del sexo, como el sida, ha cerrado el capítulo llamado "La revolución sexual"; pero los adolescentes están aguijoneados constantemente por una preponderancia de imágenes sexuales en todo —desde los comerciales de pantalones de mezclilla, hasta las videocintas de *rock* (para las cuales, los cuerpos femeninos ondulantes y escasamente vestidos parecen ser un requisito)—. En un momento solo hay sexo, sexo, sexo, y en el siguiente, un mensaje del sector público: el sexo puede causarte la muerte. Esto aumenta la confusión de los jóvenes, la cual se hace extensiva a otros aspectos de la vida.

El deseo de estabilidad de los jóvenes se conmociona, además, por la tasa anual de divorcios que llegó a ser de cerca del 60% entre 1970 y 1981, de acuerdo con el Centro Nacional de Estadísticas de Salud y, aunque desde entonces ha disminuido al 4.8%, aproximadamente cuatro de 10 hijos han experimentado el divorcio de sus padres. El 7% de los hogares con hijos menores de 18 años son de madres solteras, y un poco más del 1% son de padres solteros. Además está la situación de las familias con dobles ingresos (el 60% de las madres con hijos de 18 años o menos, son parte de la fuerza laboral) y sus siete millones de hijos que tienen llave de la casa porque se quedan solos. Según una encuesta realizada entre los maestros, por Louis Harris y Asociados, la causa principal de las dificultades con las clases es que los estudiantes se quedan solos después de llegar de la escuela. Los muchachos no tienen suficiente supervisión en casa, lo que parece confirmarse con los resultados de una encuesta que evidencia que los padres promedio solo pasan *14.5 minutos* por día en contacto con sus hijos.

Otros factores que pueden causar inseguridades en la infancia, son:

- Un desplazamiento creciente, pues algunos padres tienen su trabajo fuera de la ciudad. O bien, algunas familias se mudan y entonces dejan al chico al cuidado de otros parientes.

- Más padres que están atrapados en el vórtice de sus propias vidas, poniendo en duda sus valores mientras que sus hijos tratan de concebir los suyos.

- La adolescencia se prolonga más que antes, pues la mitad de los estudiantes de secundaria y preparatoria continúan sus estudios en la universidad, y la mitad de los graduados de las universidades siguen estudios de posgrado, por lo que la adquisición de seguridad financiera, las responsabilidades familiares y la identidad propia, con frecuencia derivadas de una ocupación, se postergan. Además, ahora más que nunca los adolescentes y jóvenes parecen estar en el limbo, debido a que nuestra cultura satisface ampliamente las múltiples necesidades de mi generación.

- La sociedad ya no impone límites, ni principios claros, al comportamiento juvenil.

Las ansiedades de los muchachos no solo están confinadas al microcosmos de la escuela y los grupos de compañeros, sobre todo una vez que los chicos cobran conciencia del mundo que los rodea. Los asuntos sociopolíticos les afectan tanto como nos afectaron a nosotros. Desafortunadamente, el mundo actual no ha mejorado mucho, hostigado por el terrorismo, la inseguridad económica y el espectro de la aniquilación nuclear. Los sucesos mundiales y las tragedias se difunden con más rapidez hasta nuestros hogares y causan un impacto mucho mayor que antes. También parecen ser más erráticos y con más posibilidades de afectar a inocentes.

Una reciente encuesta aplicada a 40 mil adolescentes reveló que la guerra nuclear era el temor principal de los muchachos y el segundo en importancia para las muchachas. Algunos jóvenes sienten que están en un mundo que se aproxima a su fin con

rapidez. La gravedad de nuestra crisis moderna es tan grande
que hace que los individuos se sientan insignificantes y desva-
lidos. Y de ahí surge el razonamiento: "¿Cuál es la diferencia?
De cualquier manera a todos nos van a mandar al más allá".
Una idea que propicia el abuso de las drogas.

Un padre sensato presta atención a los síntomas de la depresión, que sufre entre el seis y el 7% de los adolescentes, porque
en algunos muchachos el abuso de alguna droga precede a tal
estado, mientras que en otros conduce al abuso. Por otra parte,
la depresión también puede ser causada por un desequilibrio
químico en el cerebro, o por problemas genéticos.

Incluso a los niños menores de 10 años los puede afectar la
depresión. Una estadística publicada en 1987 por la revista *News-
week* reveló que alrededor de 400 mil niños, entre siete y 12
años de edad, presentaban síntomas de depresión. Sin embargo,
los adultos no siempre notan tales síntomas porque la depresión
en ellos por lo regular es *involutiva*. Es decir lloran, sufren fatiga, pérdida de apetito…, mientras que en los jovencitos es
reactiva, pues adoptan un comportamiento autodestructivo como
el abuso de drogas y/o alcohol, promiscuidad sexual y delincuencia. Los padres deben observar si su hijo muestra alguna de
las siguientes características, que son indicadoras de la depresión:

- Enfermedades psicosomáticas: úlceras, migrañas, resfriados,
  colitis, desórdenes endocrinos, insomnio y pérdida o aumento
  de peso. La palabra *psicosomática* se deriva del griego *psi-
  que*, que significa mente, y *soma* que significa cuerpo; pero
  estos padecimientos de ningún modo son imaginarios, son
  reales, producto de tensión emocional mal encauzada. Los
  chicos son particularmente propensos a estas enfermedades,
  pues para ellos es más fácil admitir malestares físicos que
  emocionales, por temor a que se les tache de "locos".

- Cambios en el estado de ánimo: tristeza profunda, abatimiento, apatía, aburrimiento, indiferencia, desesperación.
- Cambios en el patrón de pensamiento: dificultad para concentrarse, lagunas mentales, baja autoestima, ansiedad extrema, culpabilidad, autocrítica.
- Cambios en la conducta: discordia con los demás, hiperactividad, rebeldía, participación en actividades potencialmente peligrosas —como el abuso de las drogas.

La depresión en un chico puede manifestarse como un desempeño académico deficiente, ausentismo en la escuela, conducta antisocial y destructiva en el salón de clases y tendencias suicidas que se pueden detectar como una preocupación lúgubre por la muerte. Por otra parte, los muchachos que abusan de las drogas tienen alrededor de 10 veces más probabilidades de intentar suicidarse que los que no las consumen, según los estudios conducidos por el doctor Richard H. Schwartz, consejero médico del Programa Straight sobre el abuso de las drogas, de Springfield, Virginia.

Ninguno de nosotros nació lleno de sabiduría. Todos tenemos que cometer errores para aprender la manera más adecuada de manejar ciertas situaciones pero, en lo que al alcohol y las drogas se refiere, los errores pueden ser críticos y quizá las correcciones se apliquen demasiado tarde.

Puntos clave sobre este capítulo

- Las actitudes de un joven ante las drogas pueden venir de las de los padres, ya sea que las expresen verbalmente o a través de sus actos. Así que antes de esperar impresionar a su hijo acerca de los peligros de las drogas, analice honesta y cuidadosamente sus propias actitudes y adicciones.

- Esté consciente del mensaje subliminal que trasmite a su hijo cuando toma una cerveza, medicina contra el dolor de cabeza, o incluso un helado. ¿Lo hace porque quiere o porque lo *necesita*? Elimine de su vocabulario la palabra "necesito".

- Los chicos son más susceptibles al uso de las drogas, si sus padres: fuman tabaco, abusan del alcohol o son alcohólicos, consumen drogas ilícitas, utilizan *cualquier* sustancia para poder manejar la tensión, o si muestran actitudes ambivalentes o positivas ante las drogas.

- Descarte todos los medicamentos, excepto aquellos que sean absolutamente indispensables, porque además de representar una amenaza potencial para sus hijos pequeños, el botiquín de los padres puede ser una fuente ideal de drogas para los jóvenes.

- Si es posible, evite comprar medicamentos con sabores agradables para los niños, pues éstos involuntariamente pueden llegar a la conclusión de que cualquier medicina es un dulce, y disfrutar su consumo. Nunca permita que asocien las drogas con el placer.

- El uso de drogas por parte de los padres está absolutamente prohibido.

- Los padres no deben fumar cigarros: los hijos de padres fumadores tienen mayor riesgo de serlo.

- Los padres pueden consumir alcohol pero con moderación; si su hijo le pregunta por qué bebe, respóndale: "Porque me agrada el sabor, pero nunca lo hago para cambiar mi estado de ánimo". Si pregunta por qué él no puede beber, dígale: "Porque a tu edad puede causarte daño y es ilegal".

- Usted trasmite su actitud hacia el alcohol no solo a través de sus actos, sino también en su postura hacia las personas que beben en exceso. Evite expresar su aprobación, aunque sea a la ligera, para quienes "aguantan mucho".

- Vigile los mensajes en pro de las drogas que sus hijos pueden recibir a través de la televisión, las películas y la música. Nunca censure, pero si algo le ofende, no deje de comentarlo con ellos. Convierta la experiencia en fructífera.

- Aunque los problemas de los jóvenes puedan parecer triviales a los padres, recuerde que su hijo está enfrentando crisis por primera vez y no cuenta con los mismos mecanismos que tienen los adultos para afrontarlas. Recuerde, pero en *realidad* recuerde, lo que implica ser niño y no menosprecie sus problemas calificándolos de "niñerías".

- En algunos jóvenes la depresión puede conducir al abuso de drogas; en otras, el abuso puede empeorar los problemas emocionales existentes. Además, los chicos no siempre muestran los síntomas que tendemos a relacionar con la depresión, por lo que los padres deben poner atención a indicadores como: enfermedades psicosomáticas y cambios en los patrones de conducta, pensamiento y comportamiento.

Capítulo 3

Causas
y
efectos

Han pasado casi 25 años desde el día en que la curiosidad y el deseo de ser aceptado me llevaron a fumar el primer cigarro de mariguana. Hoy, y a pesar de que es innegable que el mundo es más complejo y acelerado, la nueva generación se inicia en las drogas básicamente por las mismas razones que antes, pues los muchachos siempre tendrán inseguridades; harán cosas contrarias a su buen juicio, con tal de ser como los demás, y se meterán en problemas por aburrimiento. La inseguridad, la presión de los amigos y la monotonía van aunados a la adolescencia, pero la inseguridad no tiene que ser tan abrumadora que los chicos deliberadamente sucumban cada vez que estén con amigos que consuman drogas, y el aburrimiento se puede combatir con actividades que sustituyan el alcohol y las drogas. En este capítulo se examinan las causas clásicas del abuso de sustancias y cómo una orientación adecuada, impartida por los padres, puede tener un efecto positivo y duradero en los hijos, disminuyendo las probabilidades de que lleguen a probar las drogas.

El primer objetivo de los programas de rehabilitación es alejar al muchacho de las drogas para poder empezar la verdadera labor: identificar y dar tratamiento a los problemas subyacentes, sean emocionales, del comportamiento o sociales, que los llevan al consumo de sustancias psicotrópicas.

Estos jóvenes por lo regular presentan patrones familiares en los que se suele ver lo siguiente:

- Están aislados, alejados de su familia y de sus amigos.
- Conceden poco o ningún valor a los logros personales.
- Su desempeño académico es mediocre y muestran escaso interés por la escuela.
- Les es difícil expresar pensamientos y sentimientos.
- No son capaces de afrontar la tensión y la frustración.
- Son sumamente vulnerables a la presión de los compañeros.
- Están ansiosos o deprimidos.
- Con frecuencia se quejan de aburrimiento.
- Son incapaces de tratar con la autoridad.
- Carecen de confianza en su sexualidad.
- Parecen incapaces de mantener un equilibrio entre el trabajo y el juego.
- Tienen grandes aspiraciones pero poca autodisciplina.

Existen numerosas teorías para explicar la razón por la que los jóvenes consumen sustancias psicotrópicas: de acuerdo con una encuesta realizada en California entre 2 mil 533 chicos de último grado de primaria y 2 mil 759 de secundaria, algunas razones son:

- alejarse de los problemas,
  primaria: 51.3%; secundaria: 52.6%

- por experimentar,
  primaria: 48.5%; secundaria: 50.1%
- porque sus amigos lo hacen,
  primaria: 49.4%; secundaria: 50.3%
- porque las drogas los hacen sentirse bien,
  primaria: 49.2%; secundaria: 55.2%.
- porque no tienen otra cosa que hacer,
  primaria: 20.5%; secundaria: 26.8%

La encuesta anterior tiene una falla fundamental, tan interesante como pueden ser las respuestas de los muchachos, y es el hecho de que la gente bebe y consume drogas para negar sus verdaderos sentimientos. Si a mí me hubieran preguntado por qué me drogaba, hubiera respondido que la droga me hacía sentir poderoso, cuando en realidad mantenía a raya mi debilidad e inseguridad.

Por esta razón hemos recopilado el testimonio de nueve "expertos" en drogas; se trata de siete hombres y dos mujeres, cuyas edades van de 18 a 33 años. Se iniciaron en las drogas poco después de los 10 años y en la actualidad están en tratamiento antidrogas. Tres hombres son de raza blanca: Anthony de 23 años, Ira de 33 y Michael de 27 años; dos son de raza negra; David y Darrell, ambos de 21 años; dos, latinos: Paul de 21 y Carl de 18; una de las mujeres es blanca: Elyse tiene 21 años; Helen, la otra, es negra y tiene 21 años. Los detalles de sus testimonios no se han cambiado, pero sus nombres sí.

Abandonaron la drogadicción hace varios meses y, en algunos casos, hace dos años. Sus puntos de vista son invaluables, pues solo cuando una persona se ha liberado de las drogas tiene el valor de fijar la mirada en el espejo y ver su verdadero yo. Por eso, otro de los objetivos principales de la rehabilitación es debilitar el ego del adicto, hasta que se le obliga a enfrentarse con sus debilidades y empieza a comprender cómo y por qué llegó a depender de las drogas o el alcohol.

Siempre que escucho a los jóvenes adictos contar cómo y por qué se iniciaron, me sorprende la similitud de sus historias respecto a las de otros, y la mía. Las causas que más se repiten en ellas se detallan a continuación.

Motivos: presión de los compañeros, la búsqueda de aceptación

"Cuando era chico, muchos compañeros estaban involucrados en actividades negativas, como beber, drogarse y robar autos. Yo quería ser como ellos porque, si no, decían que era un tonto. Tenía 15 años, era algo tímido y quería salir con chicas y todo eso. No quería ser diferente, así que decidí ser como ellos a través de la mariguana y, al cabo de un año, consumía cocaína. De verdad, aguantar la presión de los amigos fue algo muy, pero muy difícil".

Darrell

El deseo de un chico de ser aceptado por sus amigos es, tal vez, el factor motivante más fuerte en su vida, debido a que la etapa que sucede a la infancia está dominada por la pregunta: "¿Quién soy?", cuya respuesta, irónicamente, proviene de otros de su misma edad. Existe, además, otra paradoja característica de la juventud: el anhelo simultáneo de ser independiente de los padres, con quienes la identidad del niño ha estado entrelazada, y la urgencia de la aprobación de los amigos. Los jóvenes quieren ser individuales, pero no al grado de arriesgarse a caer en el ostracismo; en realidad muchos jóvenes simplemente transfieren su conformidad de una autoridad (los padres) a otra (el grupo de amigos) y cumplen con los requisitos impuestos por sus contemporáneos en vez de los impuestos por los padres. Cuando se les preguntó a los chicos de primaria por qué fumaban mariguana, respondieron: "para ser como los demás".

La frase *presión de los compañeros* trae a la mente la imagen de un desafortunado muchacho rodeado por otros que le tuercen el brazo para que fume, beba o cometa pequeños robos, pero por lo regular esta presión es sutil e insidiosa, las palabras sobran, y puede suceder a una edad temprana: uno de cada tres alumnos de los años inferiores de primaria, entrevistados por *Weekly Reader*, dijeron sentirse presionados por los demás para beber, y las cifras aumentaban con la edad de los entrevistados. Así, se tiene que:

- en segundo grado el 39% informó haber sido presionado para beber.
- en tercer grado, el 46%
- en cuarto grado, el 61%
- en quinto grado, el 68%
- del sexto grado de primaria al tercero de secundaria, 75%.

Lo que usted puede hacer

Procurar el desarrollo de la confianza
en sí mismo y la autoestima.

Los chicos con una imagen positiva de ellos mismos pueden enfrentar mejor la presión de los compañeros, porque se les ha educado con la idea de que pueden decir **no** a las drogas y aun así ser aceptados por su grupo y, si esta negativa trae como consecuencia su expulsión del grupo, podrán manejar mejor el rechazo. Pero, ¿cómo puede saber si su hijo se subestima? Para usted su hijo es el ser más preciado, cuyos talentos y atributos son obvios, así que no es sorprendente que para algunos padres sea difícil interpretar los indicios, algunas veces contradictorios, de este problema, evidentes incluso a temprana edad, como son:

• Necesidad de ser el centro de atención, o un miedo irracional a participar en actividades, de hacer o responder preguntas.
• Temor a personas y lugares desconocidos.
• Actitud arrogante, de sabelotodo, y rechazo a admitir los errores.
• Intolerancia o indiferencia hacia los demás.
• Egoísmo.
• Carencia de amigos, o preocupación excesiva por agradar a los demás.

No quiero decirles que alaben falsamente a su hijo porque eso lo conduciría a una caída traumática. Corríjanlo y critíquenlo cuando sea pertinente, pero también felicítenlo; háganle saber que su ingreso en cualquier grupo es valioso debido a su personalidad, talento y carácter, y si debe beber o consumir drogas para ser admitido, díganle: "Tienes muchas cualidades como para dejarte llevar por muchachos que necesitan eso. El abuso de las drogas es algo tonto, y tú eres demasiado inteligente para hacerlo."

Asimismo se puede pedir apoyo a los hermanos mayores del muchacho. No hay que pasar por alto que para ellos su hermano es un ser querido, y es probable que estén padeciendo lo mismo que los adultos y pueden sentirse tan mal que les sea difícil expresárselo. Tómelos en cuenta para todas las soluciones que involucren a la familia.

Estimule los intereses positivos

Pídale a un chico que se subestima, que describa sus cualidades, y responderá afligido: "No soy bueno para nada". Por desgracia en realidad así lo siente; pero, ¿qué tanto se le ha permitido experimentar? Muchos niños están dotados con habilidades que no siempre se cultivan en nuestro sistema educativo. Los únicos campos de pruebas parecen ser académicos, deportivos y de atractivo físico. Este último por sí solo puede ser suficiente para asegurar o perder popularidad, hasta que los jóvenes maduran y aprenden a apreciar otras cualidades menos visibles, y no por eso menos importantes.

A los padres corresponde estimular todos los intereses de su hijo sin importar qué tan "triviales" puedan parecer. Un chico que constantemente esté golpeando los cubiertos al ritmo de la música, puede ser un Ringo Starr en potencia, y aunque a usted le gustaría que cultivara un interés por la biología, su aptitud musical se convertirá en un medio para sentirse especial, mejor consigo mismo.

Con el tiempo quizás él y varios amigos formen un grupo con el que aprenderán la importancia de la responsabilidad, la puntualidad y la cooperación mutua. Siempre hay algo que obtener de una nueva experiencia; lo contrario implicaría la carencia de interés por cualquier actividad fuera de la escuela, lo que generalmente conduce a problemas.

Respete su individualidad

Enseñe a su hijo a sentirse orgulloso de ser quien es. Cuántos padres desaprueban lo que hace su hijo al decirle, por ejemplo: "Nadie se viste así", o "Nadie hace eso", y se preguntan después por qué su hijo tiene un deseo tan grande de seguir el ejemplo de los demás. *Entonces* lo regañan: "¿Tienes que hacer algo solo porque los demás lo hacen? Si Fulano se tira desde el puente, tú harías lo mismo, ¿no?"

Usted debe respetar la personalidad del muchacho y dejar que sea él mismo. Si tiene más de un hijo, alimente el carácter propio de cada uno. Ya es demasiado que deban luchar por obtener su individualidad entre sus amigos, como para tener que luchar por ella en casa.

Aunque a los niños se les debe ayudar a explorar su potencial, no se les ha de obligar a hacerlo. Cuando digo respetar a los chicos por lo que son, me refiero también a las facetas de su personalidad que pueden desilusionar a los padres. Por ejemplo, a un joven introvertido no se le debe involucrar en situaciones sociales que puedan hacerlo sentir mal. Trabaje con él poco a poco en mejorar su habilidad para relacionarse con los demás. Algunos chicos que se sienten muy incómodos en reuniones sociales, dependen del alcohol o de las drogas para superar su timidez; tal es el caso de Paul, un joven inteligente de mirada inquisitiva, que en su adolescencia estaba consciente en extremo de su tartamudez: "Solía quedarme petrificado cuando tenía que hablar en público", dice sin el menor rastro de impedimento para hablar, "pero cuando me drogaba no me importaba que la gente se burlara de mí".

No todos los chicos introvertidos lo son por timidez. A veces, ésta puede estar relacionada con algún problema físico que debe ser examinado.

Vigile y oriente sus amistades

Así como la Luna con su atracción genera las mareas, la gente con la que un adolescente se relaciona puede tener una influencia tremenda, sobre todo si se trata de un muchacho que se subestima y que con frecuencia estará rodeado de aquellos que poseen las cualidades que él cree que no tiene, o que no le exigirán. Prestar atención cuidadosa a los amigos de su hijo le dirá mucho de su autoestima, por lo que es importante que usted los conozca.

Con los niños menores de 10 años, hacer esto no es muy difícil, ya que los chicos tienden a reunirse en las casas de los miembros del grupo; pero hay una o dos en las que se sienten particularmente cómodos.

Por otra parte, la conducta de los demás chicos puede indicar los valores que les enseñan en su casa. Antes de permitir que alguno de nuestros hijos pase mucho tiempo en la casa de un amigo, tratemos de conocer a la familia para saber, por ejemplo, si el chico se queda solo al llegar de la escuela, o si hay o no supervisión de algún adulto. Como padres que se preocupan por sus hijos, tenemos derecho a saber esas cosas antes de permitir que nuestros hijos jueguen ahí. Si usted no conoce a los padres, pregúntele a su hijo si cuando va a jugar a casa de Fulanito está alguno de sus padres; de no ser así sugiérale que jueguen en su propia casa. Considere el gran esfuerzo que hace para educar a su hijo de manera adecuada y verá que su interés no está fuera de lugar, sobre todo porque los chicos que no reciben orientación y protección en su casa, son candidatos para caer en el abuso de las drogas.

Supervisar a sus hijos mayores de 10 años y a sus amigos es un problema más complicado porque, tan pronto como tienen algún vehículo, de dos o cuatro ruedas, desaparecen. Aún más, cuando ingresan a escuelas más grandes, su círculo de amigos puede incluir a muchachos que no sean del barrio, cuyos padres usted no conoce. En este caso, sin parecer acusatorio, dígale a su hijo que le gustaría conocer a sus compañeros, invítelos a cenar, y platique con ellos para tratar de evaluar el grado de orientación que reciben en casa. Estas conversaciones pueden redituarle un beneficio adicional: cuando los chicos llegan a la adolescencia se muestran más reticentes a acercarse a los padres, cuya influencia será remplazada por la del grupo de amigos, y si los amigos de su hijo se sienten bien hablando con usted, a él le sucederá igual.

Si usted sospecha que uno de los muchachos ejerce una influencia negativa en su hijo, pregúnteles a sus otros hijos qué reputación tiene ese muchacho en la escuela. Asimismo, si hay alguna otra pareja con la que pueda hablar confidencialmente, comente con ellos el comportamiento del chico. Es conveniente que los padres de los niños del grupo supervisen, de manera informal, las actividades del mismo y se pongan en contacto entre sí, si sospechan que consumen drogas y alcohol. Sería ideal que los padres se comprometieran a permitir que el grupo se reúna en sus casas solo si hay por lo menos un adulto presente. Cuando los padres de los chicos colaboran así, sus oportunidades para detectar a tiempo los problemas aumentan considerablemente.

Si usted concluye que la conducta de un muchacho representa una amenaza para el bienestar de su hijo, tiene todo el derecho de prohibirle que vea a ese amigo. No obstante, antes de hacerlo asegúrese de que su conclusión esté bien fundada, porque si señala como consumidor de drogas a cualquier chico de pelo largo y overol, pondrá en peligro la confianza que su hijo tiene en usted. Analice si el chico en cuestión tiene otros rasgos positivos que puedan beneficiar a su hijo, y qué tanta influencia ejerce en él.

Reflexione acerca de las amistades que usted tiene y cuán complejas son. Es seguro que alguno de sus amigos tiene algún problema, no necesariamente de abuso de drogas, y aunque puede molestarle, usted conserva su amistad porque sus atributos superan sus defectos. Mientras tenga confianza en la decisión de su hijo de no consumir drogas o alcohol, puede permitirle que frecuente la amistad de un muchacho que ocasionalmente consuma drogas o alcohol. Incluso, tal vez pueda aprender una lección importante de ello al tratar de persuadirlo de que ya no lo haga.

Evaluar la seriedad del problema de dependencia del otro chico adquiere gran importancia si conduce algún vehículo. Prohibirle a su hijo que lo vea, o que salga con regularidad con él, al principio puede parecer demasiado severo; pero piense cómo se sentiría si a medianoche lo despertara una llamada telefónica para informarle que su hijo resultó seriamente lesionado en un accidente causado por un conductor ebrio, o que ha sido encarcelado junto con sus amigos que habían consumido drogas, o que su hijo ha sido asesinado.

Al insistir a su hijo en que deje a un amigo, por lo menos hasta comprobar que éste recibe amplia ayuda para resolver su problema de adicción, asegúrese de aclarar lo siguiente:

- Las razones que motivan esa decisión.
- Qué le hace creer que "Fulanito" consume drogas o alcohol.
- Que de ninguna manera se trata de un castigo, aunque así lo parezca.

Puede decirle, con simpatía: "Parece que Fulano tiene algunos problemas, y veo que en esa relación tú das mucho y recibes poco a cambio". Muestre compasión por el chico en problemas y no lo condene diciendo: "Él no es bueno", porque entonces su hijo seguirá con su amigo por lealtad y, como siempre, concluya diciendo a su hijo que lo ama y que se preocupa por su bienestar. En lugar de tomar la actitud de un adversario y poner a su hijo a la defensiva, háblele sobre el asunto de manera razonable, y subraye su preocupación por él.

En el Capítulo Cuatro veremos las habilidades que debe enseñar a su hijo para rechazar con efectividad los ofrecimientos de drogas o alcohol. Si su hijo se queja de que la presión de sus amigos es insoportable, sugiérale que deje ese grupo; pero no se olvide del asunto pensando que está solucionado, porque si tiene problemas para hacer nuevos amigos puede regresar a la comodidad que le brinda su antiguo círculo de amigos, o puede unirse a un grupo peor. Así que ayúdelo a encontrar maneras de hacer nuevos amigos y nunca aparente que un paso tan dramático es fácil. Ofrézcale su apoyo y optimismo, y acreciente su autoestima: "Al principio va a ser difícil para ti, pero con el tiempo tendrás un nuevo grupo de amigos que verdaderamente te aprecie por ser como eres".

Desde luego es imposible conocer a todos los muchachos con los que su hijo está en contacto, pero cuando se le ha educado apropiadamente, se le ha enseñado el significado de la verdadera amistad y sabe cómo evadir a los chicos problemáticos, se sentirá incómodo en malas compañías.

Además de poner atención a sus amigos, oriente a su hijo en lo relativo a la calidad de las amistades. Dígale, por ejemplo: "Si Jennifer insiste en que bebas o fumes mariguana en contra de tu voluntad, solo porque ella lo hace, no es una buena amiga. Una buena amiga respeta las decisiones de los demás." Eduque a su hijo con el ejemplo, comentándole acerca de sus propias relaciones y por qué han funcionado.

Cuando sus hijos traigan amigos a casa, éstos deben respetar las reglas del hogar. Por ejemplo, no debe permitir que la mejor amiga de su hija fume en su casa, y debe observarla, porque es común que quienes fuman lleguen a consumir otras drogas que producen dependencia.

Si la familia se muda con frecuencia, la observación de los amigos de sus hijos es más importante (y lo sé muy bien pues nosotros nos cambiamos dos veces en tres años), ya que el medio ambiente puede ser un factor decisivo para que el muchacho consuma sustancias o no. David, un fornido joven negro de hablar pausado, recuerda: "Cuando vivía en Florida con mi abuela, estaba muy bien, iba a la escuela, no andaba vagando por ahí, y tenía buenos amigos". Pero cuando se cambió a Brooklyn, un barrio notable por el consumo de drogas, llegó a un ambiente diferente, propicio para el delito, y nos dice: "Ahí, todos los muchachos fumaban mariguana; al principio me resistía, pero empezaron a humillarme llamándome tonto". Ser el chico nuevo del barrio puede ser demasiado, ya que el muchacho lucha por ser aceptado mientras se adapta a lo que pueden ser costumbres nuevas. Para David fumar mariguana era la única manera de ser aceptado. Pronto llegó a consumir cocaína y *crack*, y su vida se desmoronó: "Rodeado por todos esos chicos negativos", dice arrepentido, "parecía que no tenía oportunidad alguna".

Si planea cambiarse a un área nueva, investigue qué ambiente hay en la comunidad, tan minuciosamente como lo haría con las tasas de una hipoteca. Recorra el área durante el día y la noche y vea si hay grupos de muchachos holgazaneando en las esquinas, o si parece haber actividades organizadas en parques y campos de juego con la supervisión de algún adulto. Vea si en las cercanías hay bibliotecas, cines, museos o lugares de esparcimiento y deporte. Pregunte a las autoridades locales si hay algún programa juvenil de actividades.

Pregunte a la policía acerca de la incidencia del abuso de drogas, cómo lo están combatiendo, y si trabajan en combinación con las autoridades escolares. Además, pregunte a estas autoridades acerca de las clases de prevención contra las drogas y del conocimiento que tengan los maestros al respecto, así como si cuentan con los servicios de un consultor en la materia. Esto es lo que debe saber *antes* de mudarse, no después.

Motivos: aburrimiento, desesperación

"El aburrimiento tuvo un papel importante para que abusara del alcohol y las drogas. Cuando era adolescente y estaba en casa, me sentaba a ver televisión y me sentía vacío y aburrido. Entonces salía para conseguir algo de cocaína, pensando que me iba a proporcionar la emoción que quería. Aún ahora, después de más de un año de tratamiento, me da miedo cuando me siento aburrido."

Anthony

Las protestas a causa del aburrimiento a veces parecen compulsivas en cualquier adolescente: póngalo en una habitación con una gran pantalla de televisión, un control de juegos, una repisa llena de revistas, discos y videocassettes, y seguirá la queja interminable: "Estoy a-bu-rri-do".

Lo que usted puede hacer

Proporcione y promueva alternativas

Nosotros tenemos que dar a nuestros hijos algo mejor que las drogas, algo que los haga sentir tan bien que acapare su tiempo libre. Permita que los deportes, el arte, las actividades académicas, las mascotas, el trabajo voluntario, la jardinería o la lectura

—la lista puede ser interminable— sean su "droga".

Los niños deben probar tantas actividades como sea posible, y a la edad más temprana. Los pequeños, aun muy apegados a sus padres, son inquisitivos por naturaleza y, en general, receptivos a las actividades que usted sugiera.

Desde luego que no deben permitir que la televisión sea el sustituto de las drogas. Algunos psicólogos infantiles han propuesto la teoría de que los pequeños fanáticos de la televisión son más propensos a transferir su dependencia del televisor a los psicotrópicos. Al igual que las drogas, el acto pasivo de ver televisión exige poca interacción intelectual. Es más, muchos programas presentan soluciones demasiado simples e irreales para los problemas.

Si su hijo pasa al día más de hora y media (dos horas para los mayores de 10 años) frente al televisor, es el momento de desviar su atención hacia otro pasatiempo. Para ello sugiero una combinación de actividades programadas con otras que no lo estén, ya que los niños deben tener tiempo para que exploren su inagotable imaginación y se diviertan por sí solos. ¿Alguna vez ha comprado un juguete costoso solo para percatarse de que a su niño le interesa más la caja que el contenido? Para él es un fuerte inexpugnable o un castillo encantado. Además, los jóvenes que tienen múltiples actividades programadas, desde un laberinto de lecciones de piano hasta el entrenamiento de futbol, terminan aburridos cuando estas actividades concluyen.

Recomendaciones

El ejercicio físico de cualquier tipo brinda una multitud de beneficios, debido a que estimula la producción de endorfina —una sustancia similar a la morfina que mitiga el dolor y el miedo, y produce una especie de euforia natural—. Los chicos pronto descubren que hay otras alternativas que sustituyen las sensaciones placenteras causadas por drogas. Asimismo, a través del ejercicio los niños aprenden la importancia de la satisfacción de proponerse y lograr metas, derivada de la autodisciplina.

Tener condición física mejora la autoimagen, en particular en los muchachos que están en plena adolescencia, preocupados por su físico (y su complexión, que puede mejorar con el ejercicio). Dar forma a los músculos desarrolla confianza en uno mismo y crea conciencia acerca de la salud, por lo que cuando se enseña a los niños que las sustancias destruyen los cuerpos de los jóvenes, hay más posibilidades de que las eviten.

Los grupos juveniles contra las drogas surgieron en Estados Unidos por inspiración de la primera dama Nancy Reagan. Se trata de clubes formados por chicos que se alientan entre sí para decir **no** a las drogas, al mismo tiempo que se divierten y hacen nuevos amigos. Estos grupos están dirigidos por un voluntario adulto y algunos muchachos mayores de 10 años. Su objetivo fundamental es emplear la presión de los amigos pero a la inversa; es decir, para rechazar las drogas. Simple pero lógico. En Estados Unidos este tipo de grupos trabaja en diferentes niveles: enseña a los niños a decir **no**, les brinda imágenes positivas de adultos y muchachos, así como les proporciona actividades programadas fuera de la escuela, y oportunidades de desarrollar nuevas habilidades, que a su vez aumentan la autoestima.

Tener pasatiempos constructivos en casa. Si está dentro de su presupuesto, le recomiendo la compra de una computadora, debido a que los juegos de video son educativos y recreativos y requieren de una interacción —la que solo viendo televisión no se da. Además, en días con mal tiempo mantiene a los niños, tanto propios como a los amigos, en casa y a la vista.

Los empleos de medio tiempo son convenientes para los adolescentes con buenas calificaciones porque, además de que los hijos aprenden a ser responsables y a apreciar el valor del dinero, aumenta su autoestima y ganan algo de efectivo. Los jóvenes que cuentan con su propio dinero para sus diversiones se aburren menos que quienes no disponen de él.

Hay infinidad de alternativas, y dedicarse a alguna de ellas puede ser la diferencia para su hijo. "Sin duda", dice Ira, quien lamenta que sus padres no hayan cultivado su interés por la música, "si una persona tiene más opciones positivas será menos probable que se incline por las negativas. Si hay otra cosa en qué ocupar la mente que no sean las drogas, es una razón menos para consumirlas".

Algunos jóvenes se quejan a causa de algo que es más que el simple aburrimiento: carecen de esperanzas para mejorar su vida y su futuro, pues creen que su destino está definido y que nada va a cambiar: desde el acné hasta su falta de popularidad en la escuela. Esta falta de ambiciones tiende a agudizarse debido a nuestra sociedad competitiva y nuestra economía errática.

Los programas escolares de educación vocacional han mejorado mucho a través del tiempo, pero para una atención individual, yo sugeriría que se consulte con un psicólogo orientador que, por medio de entrevistas y una serie de pruebas, descubra las ocupaciones adecuadas para las aptitudes y carácter de cada muchacho, ocupaciones que el chico quizá ni siquiera imaginaba que existieran.

Motivo: sentirse adulto

"Soy la menor y la única hija. Siempre he representado menos edad de la que tengo, mis padres fueron sobreprotectores y con mis tres hermanos mayores, tan estrictos, era como vivir con cinco padres mandones. Creo que la razón por la que empecé a fumar mariguana y a consumir 'polvo de ángel', fue que por primera vez estaba controlando mi vida, fue mi decisión consumir drogas y me hacía sentir adulta. Eso era lo que más deseaba: sentirme adulta."

Elyse

Los muchachos asocian el proceso de madurar con independencia, poder de autodeterminación y un anhelo de ser adultos. Mas no necesariamente son sus responsabilidades las que les preocupan, sino sus libertades, o lo que ellos creen que son. A los tres años de edad quisieran tener seis para poder cruzar solos la calle, y cuando tienen 15 y andan en bicicleta miran con envidia a los jóvenes mayores que tienen auto. Les agradaría conducir su propio automóvil y trasladarse de un lugar a otro, no tener que pasar alguna que otra noche en casa, pues todo esto puede significar para ellos que son libres como los adultos.

Por desgracia muchos chicos también asocian este proceso de maduración con fumar, beber y drogarse y, para aquellos jóvenes que tienen que esperar varios años para poder conducir o votar, las drogas son símbolos tentadores de una "edad adulta instantánea". En una encuesta llevada a cabo por *Weekly Reader*, un número importante de niños dijo creer que sus amigos consumían drogas para "sentirse mayores". Por otro lado, el consumo de drogas representa control, una apreciada posesión en una etapa en la que la madre naturaleza parece jugarle bromas pesadas al cuerpo, y uno siente el yugo de los padres, los maestros y otras figuras de autoridad.

Lo que usted puede hacer

Ayude a que su hijo se sienta mayor por medios ajenos a la drogadicción

A los niños se les deben asignar tareas domésticas desde los cuatro o cinco años, o tan pronto como puedan tener sentido de responsabilidad. Nuestra familia sigue un sistema de recompensas, similar al que se utiliza en una comunidad de rehabilitación antidrogas: cada chico tiene asignada una pequeña tarea, si la ejecuta aceptablemente lo felicitamos y lo premiamos con más responsabilidad —igual que a los mayores—. Las compensaciones deben ser constructivas, por ejemplo, más tiempo en la computadora en lugar de un dulce. En casa no delegamos simplemente las tareas, lo que dejaría a los chicos en su papel de niños; nosotros trabajamos junto con ellos.

En las familias con más de un hijo, los mayores fortalecen en sus hermanos la idea de que las obligaciones son un privilegio que se obtiene con la edad, porque al ver trabajar a sus hermanos mayores junto a los padres, desean hacerlo también.

Permita que los chicos tomen decisiones dirigidas referentes a aspectos que les conciernan, y después permítales que se guíen por los resultados de esas decisiones. Si se trata de niños menores de 10 años, empiece con cosas sencillas: en lugar de elegirles su guardarropa escolar, de vez en cuando deles varias opciones para escoger. En el restaurante, sugiérale algunos platillos de la carta, pero deje que la decisión final sea de él. Llévelos al supermercado y deles una lista de los artículos que haya que buscar. Estas oportunidades ocasionales, además de hacer que los chicos se sientan mayores, ayudan al desarrollo de su capacidad para tomar decisiones, que es muy importante, ya que algunas veces aceptan las drogas porque no saben tomar determinaciones, ni aplicar su criterio. Incluso una decisión temeraria puede enseñarles que deben aceptar las consecuencias adversas, y aprenderán a pensarlo mejor la siguiente ocasión, sobre todo si además usted les inculca verbalmente la moraleja.

Enseñe a su hijo la responsabilidad que tiene con los demás. Los niños deben aprender que sus decisiones afectan a los demás, no solo a ellos. Es una lección que se puede impartir si ocasionalmente permite que cada uno de sus hijos decida sobre algún asunto que afecte a toda la familia, como adónde ir el fin de semana. Los muchachos a quienes se alienta a que siempre tomen en cuenta los sentimientos de los demás, tienen más probabilidades de pensar: *¿Cómo afectará esto a mi familia? ¿Qué pensarían mis padres si se enteraran?*, cuando quieran convencerlos de hacer algo indebido. En su fuero interno se sienten motivados para decir que **no**, debido a que sus padres les han enseñado que las drogas son algo malo, y si las consumieran se sentirían mal consigo mismos.

Motivo: huir de los problemas

"Existen cinco sentimientos básicos: aflicción, dolor, enojo, miedo y placer. Para mí, consumir drogas era una forma de sentir placer y evitar los otros cuatro sentimientos."

Ira

El consumo de drogas como una ayuda para mitigar la tensión de la vida cotidiana, no es nada nuevo, como se vio en el Capítulo Dos. En una encuesta acerca del consumo de drogas y alcohol, realizada en California entre alumnos de secundaria y preparatoria, se mostró que "huir de los problemas" era la razón más común entre los primeros y la segunda en popularidad entre los últimos.

Lo que usted puede hacer

Tenemos que enseñar a nuestros hijos que las penas son parte de la vida, igual que los buenos tiempos, y que convertirse en adulto implica aceptar esta realidad, no huir de ella. Por desgracia, la única manera en que un joven puede aprender a vencer los obstáculos es que sus padres dejen que se arriesgue a tropezar y caer.

Ahora bien, sé que no hay nada más doloroso que ver a los hijos lastimarse; pero los chicos cuyos padres los protegen de las realidades rigurosas de la vida, son incapaces de enfrentarlas, y su cuerpo nunca aprende a responder a la tensión. Cuando el escudo protector finalmente se retira, las situaciones que generan tensión los llevan a una caída en picada que solo parece detenerse con drogas y alcohol. No obstante, los chicos necesitan que se les asegure que cuando sientan que la carga los agobia, siempre tendrán su apoyo absoluto y que, si no se sienten bien comentando ciertos problemas con usted, habrá muchos recursos disponibles. Por ejemplo, hágale saber, en forma discreta, los datos de las personas o instituciones que pueden proporcionarle un buen consejo.

Finalmente, a los jóvenes se les debe enseñar que las drogas y el alcohol solo brindan un alivio temporal para el dolor y los problemas, nunca soluciones, y tratar de manejarlos intoxicándose, es como querer apagar un incendio soplando. Tal es el caso de Carl, un joven guapo y muy expresivo, que era terriblemente adicto al *crack*. Nos dice: "Solía tener unos pleitos tremendos con mi padre, me sentía tan molesto y enojado que anhelaba huir a través de las drogas. Me hacían sentir como si no tuviera ningún problema pero, cuando su efecto terminaba, todo parecía empeorar y me sentía como si fuera basura, lo cual hacía que deseara drogarme de nuevo.''

Motivo: rebeldía

''Un buen amigo mío provenía de una familia acomodada, su padre era abogado y su madre se dedicaba a la compraventa de antigüedades; tenían una hermosa casa y toda la cosa. Pero eran muy descuidados con él, quien los consideraba un par de farsantes superficiales y materialistas. Fumaba mariguana y de vez en cuando consumía otras drogas, porque era su manera de rebelarse, de decirles: 'No quiero ser como ustedes', y para ello llegó al extremo de la autodestrucción. Murió a causa de una sobredosis pocos días antes de cumplir 19 años.''

Ira

La rebelión de la adolescencia es una etapa necesaria del proceso de madurar por el que todos los chicos pasan. Es saludable para ellos, pero no forzosamente para usted. Si tiene un hijo adolescente, quizás a veces se sienta como si estuvieran en constante pugna, pero no tome el desdén que él manifiesta hacia los valores de la sociedad (y hacia los de usted) como algo personal; en parte está tratando de probarlo, y en parte trata de probarse a sí mismo poniendo en práctica, en cualquier oportunidad, sus habilidades analíticas recién descubiertas, como si se tratara de artillería pesada.

Es posible que note que de pronto su hijo se vuelve más re-traído, que definitivamente se siente incómodo porque lo vean con usted en público. Este rechazo notorio puede herirlo y hacerle pensar: *¿A qué se debe esta separación repentina?* Por alguna razón, es posible que los adolescentes, de manera inconsciente se alejen de sus padres para facilitar el proceso de separación y el resultante abandono del hogar. Asimismo, descartar los ideales de los padres les permite descubrirse a ellos mismos y a sus criterios propios, ya que de hecho, durante toda su vida, se les ha visto como reflejo de sus padres: "Ahí va la hija de Mary". No obstante, algunos muchachos están tan desesperados por que se les tome en cuenta tal como son, que rechazan completamente los valores de sus padres. A esta actitud se le llama *comportamiento de oposición*, y en ella los chicos evolucionan hasta ser la antítesis de sus padres, de manera que si a ellos se les considera "buenos", el muchacho se vuelve "malo".

Para algunos de estos jóvenes hostiles, hacerse daño con el consumo de drogas y alcohol, es una forma subliminal de herir a sus padres.

Lo que usted puede hacer

Aprender a dejarlos ir

Es indudable que lo más difícil de ser padre o madre, no es dar a luz, ni la crianza de los hijos, sino dejarlos ir. Por desgracia, todos los padres deben afrontar el hecho de que su labor —ayudar a los hijos a madurar y a ser independientes— siembra la semilla de la separación.

Es natural el deseo de prolongar indefinidamente el rol de padres. Después de todo, para algunas personas la paternidad o la maternidad son el motivo de su existencia. Además sienten que controlar la vida de sus hijos es controlar la propia, y ¿quién puede culparlos?, pues los muchachos que aceptan nuestros valores y creencias son, sin duda, más fáciles de guiar que aquellos que los rechazan.

Los padres, entonces, tienen que elegir entre resistirse a la separación y arriesgarse a un distanciamiento, o a ir soltando las riendas gradualmente para que su hijo no tenga que declarar su independencia a través de la autodestrucción, porque con o sin la bendición de los padres, el joven irá en busca de su soberanía.

Dejarlos ir no se debe confundir con abandono; no significa que usted los pierde. Usted siempre será su padre o su madre, aunque cambie la dinámica de la relación porque usted será menos disciplinario y cada vez más un amigo. Incluso es posible que sus relaciones se estrechen, como en el caso de las familias con muchas fricciones entre padres e hijos, quienes se reconcilian cuando el muchacho se va de la casa.

Motivo: las drogas hacen sentir bien a los muchachos

"¿Por qué me drogaba?. Porque la mariguana y el *crack* me hacían sentir mejor que cuando no los consumía. Ya no me sentía aburrido, y la vida era… *divertida*."

Paul

No: ¿Qué puede hacer? sino "lo que debe hacer"

Aquí no hay técnicas de modificación del comportamiento que aplicar, solo una vigorosa educación antidrogas, que es la base del Capítulo Cuatro. Los padres tienen que enseñar a sus hijos que siempre que alguien consume drogas paga un precio, ya sea en efectos colaterales desagradables, destrucción de las células cerebrales, pérdida de ambiciones, o hasta la pérdida de la vida.

No podemos negar que las drogas *pueden* prometer euforia temporal, pero debemos explicarles que hay muchas otras formas de sentirse bien a través de la autogratificación natural; por ejemplo: la euforia física del ejercicio, la euforia creativa de haber alcanzado una meta, y la euforia de satisfacción que se experimenta al ayudar a otros. Enseñe a su hijo con el ejemplo cómo disfrutar de la vida gracias a los logros, al amar y ser amado. Las drogas matan; tomar parte en actividades recompensantes ayuda a la gente a vivir.

Hagan de su hogar un paraíso

"Nunca me sentí cómodo en mi casa. Yo no me llevaba bien con mi padre. Además, mis padres siempre peleaban, se gritaban, y yo me sentaba en mi cuarto con los puños cerrados. Era como si estuviera encarcelado. Para salir era capaz de hacer cualquier cosa, decía: 'Mamá voy a la tienda', y me iba por un par de horas. Simplemente no me gustaba estar ahí, ¿sabe? Lo detestaba."

Carl

Un estudio realizado entre los muchachos de último año de preparatoria, por el Instituto de Investigación Social de la Universidad de Michigan, concluyó que quienes pasaban poco tiempo en su casa tenían más probabilidades de consumir drogas diariamente. Así señalan la importancia de que el hogar sea un paraíso para los muchachos, un lugar en el que puedan buscar refugio despúes de un día en el campo de batalla que es la escuela, y no un sitio del que haya que escapar.

Al principio de este capítulo esbozamos una serie de características del chico de alto riesgo, propenso al abuso de las drogas y/o del alcohol. Estos jóvenes con frecuencia provienen de familias que también se apegan a cierto perfil. ¿Algunas de las siguientes particularidades se aplican a su familia? En las familias que propician el abuso de sustancias psicotrópicas en los jóvenes, vemos:

- El afecto raras veces se expresa.
- Los padres son negligentes u ofensivos.
- Los padres con frecuencia son demasiado indulgentes o demasiado estrictos.
- Los padres están separados o divorciados.
- Los padres y/o los hijos consumen tabaco, alcohol o drogas.
- Los padres dependen de sus hijos y les delegan sus propias responsabilidades.
- Las reglas no se hacen cumplir, o son ambiguas.
- El consumo de drogas no se condena, o no se habla de eso.
- Las presiones económicas son frecuentes, haya poco o mucho dinero.

En las "familias de bajo riesgo", tenemos:
- Los hijos reciben amor de ambos padres.
- Los padres proporcionan consejo y apoyo constantes.
- Los padres desaprueban con firmeza el consumo de drogas y no fuman, no beben en exceso y no consumen drogas.
- Se subraya el control y la disciplina.
- Los miembros de la familia se comunican entre sí.
- Ambos padres son responsables de sus deberes.
- La incidencia del divorcio es menor.

Control y disciplina

A fines de los años cincuentas parecía que muchos padres habían dejado de aplicar la disciplina, hecho que fue decisivo para propiciar las tasas elevadas de consumo de drogas, embarazo y suicidio en la juventud. Los muchachos no solo necesitan las restricciones, sino que en el fondo las agradecen porque el mundo del adolescente actual puede ser muy confuso, aunque parezcan envidiar a sus amigos cuyos padres no les ponen límites, lo cual los hace recurrir al mal comportamiento para llamar la atención, y caer en la promiscuidad, el abuso del consumo de drogas, y la delincuencia.

Los hijos también buscan en sus padres estabilidad, por lo que la disciplina de ambos padres debe ser congruente. Póngase de acuerdo con su cónyuge en todos los aspectos: desde las salidas y la distribución del tiempo para ver televisión, hasta el uso de la bicicleta o el auto. Además, como la memoria de los muchachos falla a su conveniencia cuando cometen una falta ("¿Cuándo me dijiste que no hiciera eso?"), le sugiero que redacte un "contrato familiar" que estipule las obligaciones de sus hijos en casa, los privilegios, la hora de llegada, etcétera. Un ejemplo sería:

Contrato familiar

Yo, _____ (nombre del chico), me comprometo a obedecer las siguientes reglas:

1. Nunca consumir alcohol o drogas.
2. No fumar.
3. Realizar las tareas que siguen: sacar la basura y limpiar la

caja del gato una vez por semana (u otra tarea doméstica).
4. Limitar el tiempo frente al televisor a hora y media por día, como máximo.
5. Llegar a casa a las 10 de la noche, entre semana, y a las 12 los fines de semana.
6. Mamá y papá prometen llevarme a actividades recreativas tres veces por semana.

Fecha:_____
Firmas:

_____

(nombre del chico)

_____

(nombres de los padres)

Conserve una copia y pegue otra en el refrigerador o en la recámara de su hijo. En el caso de las familias con dos hijos o más, es natural que los hijos mayores tengan más libertades que los menores, pero también tienen más obligaciones. Usted debe hacer notar que no se trata de favoritismos y que los contratos se revisarán con cierta periodicidad. A mayores responsabilidades, mayores privilegios.

En pláticas familiares hable acerca del contrato y subraye que el hecho de que usted fije las normas no significa que intente poner castigos. Podría decir algo así: "Nuestra familia puede funcionar sin un contrato, pero lo hacemos para que todo sea más fácil. De esta manera cada uno sabe lo que se espera que haga. Es por su bien y por el nuestro."

Los castigos para un mal comportamiento deben quedar perfectamente claros y, desde luego, se descarta el castigo físico, ya que los muchachos aprenden por el carácter inevitable

del castigo, no por su severidad. Cuando se quebrantan las reglas, se deben eliminar o reducir ciertos privilegios hasta que el
chico demuestre que los merece de nuevo. Es importante mantener el castigo según lo dicho porque, aunque usted quiera ser
razonable, no busca ser manipulable. No quiere ser un tirano en
cuestiones de disciplina, pero debe merecer el respeto de sus
hijos.

Las reglas no han de ser tan rígidas o poco prácticas que las
faltas sean inevitables y, a menos que usted pretenda que la
infancia de sus hijos sea una guerra feroz, tiene que aprender a
detectar cuándo debe intervenir y cuándo no. Defina sus prio-
ridades, lo que es *realmente* importante.

Cuando imponga disciplina a sus hijos, deje claro que su
comportamiento, y no ellos, es la causa de su enojo. Algunas
veces en un acceso de disgusto —por ejemplo, si encuentra miel
en su declaración de impuestos—, puede decir bruscamente:
"¿Qué, eres tonto?". Aunque sea difícil en ese momento, trate
de detenerse porque no puede suponer que los chicos comprenderán el motivo de su enojo.

Aplique la sanción de acuerdo con la gravedad de la falta, ya
que imponer un castigo igualmente severo por haber dejado los
calcetines en el baño que por tener una cajetilla de cigarros,
ocasiona que las reprimendas pierdan su valor y los muchachos
dejen de tomarlas en cuenta.

Comunicación

Para algunos padres, *comunicación* significa darse a entender
con efectividad, pero esto es solo la mitad del proceso: la
trasmisión. También tienen que aprender a escuchar, es decir a
captar, y la única manera de hacerlo es dedicar tiempo para

escuchar a su hijo: esta es la otra mitad, la recepción.

Con esto no intento decir que programe sesiones familiares de conversación. La vida de un muchacho puede llegar a estar tan programada, entre las actividades escolares y las adicionales, que la "hora familiar" se convierte en otra obligación aburrida y ¿quién asegura que los padres o los hijos van a sentirse efusivos en el momento designado? Usted tiene que ser tan flexible y espontáneo como sea posible.

He descubierto que los chicos tienden a ser más comunicativos en un ambiente informal, como a la hora de la comida o en la cena. Es sensacional escucharlos hablar con entusiasmo sobre los acontecimientos de la escuela, y es agradable ayudarlos con algún problema. Aunque no siempre van a proporcionar información de modo voluntario, y algunas veces usted tendrá que obtenerla haciendo preguntas.

Otros métodos para lograr que se explayen, son: tocarlos o hacer contacto visual con ellos, nunca interrumpirlos —aun si usted detecta ideas falsas en su relato y desea señalarlas—, ayudarles a comunicarse diciéndoles de vez en cuando palabras o frases aclaratorias ("Lo que quieres decir es que..."). Hacerles correcciones de gramática, cuando tratan de decir algo que es importante para ellos, y ridiculizar sus ideas, son métodos infalibles para hacer que se nieguen a hablar.

La hora de la comida no tiene que estar monopolizada por la plática de los niños, en particular si tiene hijos adolescentes, en cuyo caso invítelos a participar en la conversación con temas más amplios que involucren a toda la familia. Pídales su opinión; a los muchachos les agrada sentir que se aprecia su participación, y esto ayuda a reforzar la confianza en sí mismos y los hace sentir mayores... y quién sabe, tal vez *usted* aprenda algo.

Si la comunicación en su familia es deficiente —a nadie parece interesarle lo que se dice, o las afirmaciones y puntos de vista por lo regular no son claros—, las sesiones de dramatización pueden ser útiles para mejorarla. En estas sesiones el hijo hace el papel del padre, imitándolo, y viceversa. En la representación de una plática típica, la actuación de cada uno imitando al otro puede hacer ver realidades que de otra manera no surgirían, y percatarnos de cómo nos ven nuestros hijos —y nosotros a ellos— puede llevarnos a un mejor entendimiento y a darnos cuenta de que lo que creíamos que estaba muy claro no lo estaba tanto.

Las familias cuyas relaciones parecen estar tensas sin remedio, pueden requerir de la perspectiva objetiva de un consejero familiar o un terapeuta. Recomiendo acudir a ellos cuando:

- La armonía entre padres e hijos se ha desintegrado.
- Los padres se sienten incapaces para hablar de ciertos temas con autoridad, ya sea por ignorancia o por experiencias previas que podrían hacerlos aparecer como hipócritas.
- Los problemas parecen no tener solución.

Tal vez el asesoramiento no brinde soluciones inmediatas a los conflictos familiares, pero los terapeutas están capacitados para identificar los problemas por experiencias previas con otras familias. Asimismo, son expertos en comunicación que pueden mejorar en los miembros de la familia la capacidad para hablar de sus sentimientos y para escuchar. Los diferentes tipos de terapeutas pueden ser:

- Psiquiatras, médicos con especialidad en psiquiatría, son los únicos que están autorizados para prescribir medicamentos y están especialmente capacitados para tratar desórdenes mentales, emocionales y del comportamiento.
- Psicólogos.

- Psicoanalistas, que también son médicos especializados.
- Trabajadores sociales.

El costo de las consultas es variable, pero si necesita terapia a bajo costo puede solicitar información en las instalaciones del Sector Salud de su localidad. Las sesiones por lo regular son una o dos veces a la semana, y se van espaciando después. Si en el curso de la terapia usted no se siente satisfecho con la misma, o se siente incómodo con el terapeuta, no dude en buscar otro.

La paternidad hoy en día es más exigente que nunca y a veces parece que dedicarle todo el tiempo no basta. La única respuesta para este dilema es que, si no puede pasar mucho tiempo con su hijo, cambie cantidad por calidad. Por ejemplo, permita que él lo acompañe un día a su oficina; anímelo a que esté a su lado mientras realiza las labores de la casa, o llévelo con usted cuando vaya a que reparen el auto.

Si tiene que salir de viaje con frecuencia debido a su trabajo, hable con sus niños por teléfono, aunque sea un minuto, para preguntarles cómo están, explicarles qué está usted haciendo y por qué tuvo que salir; pero sobre todo para decirles cuánto los extraña y los quiere. Ahí es donde está la clave: en que los niños se sientan seguros del amor de sus padres.

Puntos clave sobre este capítulo

- Los motivos para que se presente el abuso de drogas, son: la presión de los amigos, la búsqueda de aceptación.

Medidas preventivas: fortalezca la autoestima y la confianza del chico, estimule sus intereses positivos, respete su individualidad, vigile y guíe sus amistades.

- Motivos para el abuso de psicotrópicos: aburrimiento, falta de estímulos suficientes y desesperanza.

Medidas preventivas: proporcionar y promover alternativas como el ejercicio, agrupaciones juveniles antidrogas, un trabajo de medio tiempo para los adolescentes. Sin embargo, se deben limitar las actividades programadas de los niños a una o dos por temporada, ya que necesitan tiempo para soñar y explorar con su imaginación.

Los chicos deben tener acceso a diversiones caseras constructivas, como una computadora, y no deben ver televisión más de hora y media por día, o dos horas si ya son mayores de 10 años.

• Motivos para el abuso de drogas: sentirse adulto.

Medidas preventivas: ayude a que sus hijos se sientan mayores por otros medios que no sean los alucinógenos. Asígneles tareas en la casa, permítales que tomen ciertas decisiones personales, enséñeles que también tienen responsabilidades hacia los demás.

• Motivos para el abuso de narcóticos: huir de los problemas.

Medidas preventivas: haga saber a sus hijos que si se sienten agobiados por los problemas que no desean o no pueden comentar con usted, hay otros recursos a los que pueden acudir.

• Motivos para el abuso de psicotrópicos: rebeldía.

Medidas preventivas: aprenda a dejarlos ir. Suelte las riendas gradualmente para que sus hijos no sientan necesidad de declarar su independencia de modo autodestructivo.

• Motivos para el abuso de psicoactivos: las drogas hacen sentir bien a los muchachos.

Medidas preventivas: enseñe a sus hijos que quienes consumen drogas pagan un precio muy elevado por ese placer, y muéstreles el camino de la autogratificación natural.

Póngase de acuerdo con su cónyuge en lo referente a la distribución del tiempo para ver televisión, las salidas, el uso de la bicicleta o el auto. Además redacte un contrato familiar en el que se definan las tareas del hogar, privilegios, hora de llegada, etcétera, de cada uno de sus hijos. Las reglas no deben ser tan rígidas o poco prácticas, como para que las violaciones sean inevitables.

Técnicas para mejorar la comunicación con sus hijos: propicie la plática mediante preguntas, tóquelos y haga contacto visual con ellos; nunca los interrumpa —aun cuando detecte una idea falsa en su relato y desee hacer referencia a ella—; ayúdelos a comunicarse al darles, de vez en cuando, palabras o ideas aclaratorias ("¿Lo que quieres decir es que...?"). La forma más efectiva para lograr que su hijo deje de hacer comentarios es corregirlo cuando trata de decir algo importante para él, o ridiculizar sus ideas.

Si no puede pasar mucho tiempo con sus hijos, cambie cantidad por calidad, permita que vayan con usted a la oficina, que los acompañen mientras realiza las tareas del hogar, o cuando vaya a hacer alguna diligencia fuera de casa.

Capítulo 4

Instruya a
su hijo contra
las drogas

Usted debe educar a su hijo *contra* las drogas y no solo acerca de ellas. Debe aplicar una educación *anti*drogas. Así como desde temprana edad le dice con firmeza que si toca la estufa caliente se quemará los dedos, debe alertarlo una y otra vez sobre lo peligrosas que son las drogas, que pueden causarle la muerte. De este modo, en el momento en que por primera vez le ofrezcan un cigarro de mariguana, estará condicionado para asociarlo con el peligro.

Por desgracia, muchos chicos reciben la instrucción acerca de las drogas fuera de su casa. La encuesta realizada en California entre muchachos de secundaria, reveló que solo el 29% recibe de sus padres educación al respecto, mientras que el 66% aprende de sus amigos, el 59% en las clases de la escuela y el 38% por experiencias personales con las drogas —como sucede a menudo cuando los padres no hablan del tema—. Sin embargo, es injusto sugerir que los padres evitan instruir a sus hijos por negligencia; algunos creen, erróneamente, que si hablan acerca de las drogas, en cierta forma toleran su consumo. Igual es su postura hacia el alcohol o el sexo. Pero los jóvenes solo pueden tomar decisiones sensatas si se les muestran los hechos. Otra razón por la que los padres delegan la instrucción acerca de las drogas a las escuelas, o simplemente dejan que suceda por sí sola, es porque sienten que no saben lo suficiente del tema; pero algo crucial para el bienestar de un joven no debe confiarse por completo a terceras personas, al margen de lo preparadas que estén. ¿Quién más tiene una influencia tan profunda en su hijo, o se interesa más por él que usted? Nadie y, si dedica tiempo para informarse en forma adecuada, nadie es el más indicado para enseñarle que usted.

A pesar de la frecuencia del consumo de drogas y alcohol en la juventud, los padres y los programas escolares de prevención contra las drogas tienen una ventaja notable: el tiempo; los chicos son tan impresionables que las oportunidades para moldear sus valores acerca de las drogas y el alcohol son excelentes. No obstante, usted tiene que actuar con rapidez antes de que otras fuentes de dudosa información, como los amigos a quienes les gustan las drogas y los medios publicitarios, ejerzan una influencia negativa en sus hijos.

Los padres y la instrucción contra las drogas

Cuándo iniciarla

Debe comenzar tan pronto como sea posible, a los cuatro o cinco años de edad. El tiempo puede ser su aliado, pero no debe perderlo, debido a que en la actualidad el muchacho típico prueba el alcohol a los 12 años, y las drogas a los 13. De acuerdo con el

INAD, el nivel escolar promedio en el que se inicia el consumo de cada sustancia (aunque puede haber variaciones importantes según la localidad), es:

- Inhalantes: cuarto y quinto grado de primaria.
- Tabaco, alcohol, mariguana, estimulantes, sedantes, barbitúricos y metacualona: sexto grado de primaria.
- Tranquilizantes y heroína: primer grado de secundaria.
- Nitritos de amilo y butilo, LSD y otros alucinógenos, PCP y opio: segundo grado de secundaria.
- Cocaína: tercer grado de secundaria.

Las estadísticas permiten asegurar que el consumo de sustancias se ha infiltrado en nuestras escuelas.

Ahora sabemos que incluso los niños en edad preescolar pueden captar los conceptos básicos respecto a las drogas.

Sería ideal que se instruyera a los hijos acerca de las drogas antes de que lleguen a la adolescencia, aunque esto no sea posible para todos los padres que lean este libro, porque si usted recuerda en su adolescencia se sentía invencible, su cuerpo era fuerte y vigoroso y apenas empezaba a probar sus alas, intelectual, física, emocional y sexualmente. Y ante esta actitud, es probable que las pláticas acerca de los riesgos a largo plazo que implica el consumo de drogas, tengan un efecto limitado, sobre todo en los jóvenes que solo piensan en el presente. La graduación de la preparatoria parece estar muy lejos aún, ¿quién se va a preocupar por los problemas de salud que no se manifestarán en años?

Antes de poder instruir a sus hijos acerca de las drogas, primero debe hacerlo usted, utilizando material actualizado. Un criterio moderado, aplicable a cualquier libro o folleto, es que no tenga más de cinco años. No hay una manera más segura de alejar a un chico, y de empañar su confianza en usted, que divulgar pomposamente información errónea, en particular si habla con un adolescente que ya ha tenido alguna experiencia con drogas. Otra razón por la que es esencial estar actualizado al respecto es que, con frecuencia, los estudios recientes sobre los efectos de las sustancias contradicen a los anteriores; un ejemplo de esto es la mariguana, que ha sido objeto de alrededor de siete mil estudios desde 1965. Hasta hace algunos años, en los campos médico y de salud mental, se creía que la mariguana era relativamente inofensiva, la menos dañina de las drogas; pero la Asociación Médica Estadunidense ahora afirma categóricamente que: "Sin duda alguna la mariguana es una droga peligrosa, con gran potencial para dañar a la juventud".

Los resultados de un estudio llevado a cabo por la Universidad de Houston y el Centro Médico de la Universidad de Miami, publicado en agosto de 1987, proporcionaron las primeras pruebas de las consecuencias adversas a largo plazo de la mariguana. Como parte del mismo, hace 13 años se les hicieron pruebas a 41 sujetos que eran fumadores crónicos de mariguana y a 41 sujetos que no la fumaban. En ese momento no hubo diferencias médicas o psicológicas de importancia entre ambos grupos; pero cuando se les volvió a examinar en 1986, se descubrieron diferencias alarmantes en los procesos de pensamiento —como una falta más frecuente de memoria y mayores dificultades para aprender— en el primer grupo, quienes se inclinaban más por el trabajo físico que por el mental. Asimismo tendían a aislarse socialmente. El antropólogo Bryan Page, uno de los investigadores, sostiene que la mariguana puede reducir el "potencial humano". La evidencia descubierta gracias al estudio, comprendía todo lo que mi generación se rehusó a creer hace 20 años.

Los cultivos actuales de mariguana contienen más de 10 veces de THC, el componente psicoactivo —o sustancia química que altera la mente—. De ahí que sea posible que los datos acerca de esta planta, publicados antes de mediados de los años ochenta, se refieren a una droga completamente distinta.

Olvídese de cualquier libro o folleto que apoye el consumo "responsable" o "controlado" de drogas, así como de aquellos cuya filosofía sea que ninguna droga es "mala", y que lo perjudicial es solo un consumo inadecuado.

Fuentes confiables de información sobre drogas

El Capítulo Cinco de este libro contiene información sobre las drogas, seleccionada de una amplia variedad de fuentes que incluye organizaciones dedicadas a la difusión de material educativo para los padres. Entre ellas están:

- Comités de Correspondencia (que también publican material útil para mostrar información precisa sobre el abuso de las drogas).
- Centro Nacional de Información sobre Drogas "Familias en Acción".
- Centro Nacional de Distribución de Información sobre el Alcohol y las Drogas (CNDIAD).
- Asociación de Padres para Neutralizar el Abuso de Drogas y Alcohol (APNADA).
- Consejo Nacional Sobre Alcoholismo.
- Federación Nacional de Padres en Pro de una Juventud sin Drogas (FNPJD).
- Instituto Nacional de Recursos para Padres para la Instrucción sobre las Drogas.

La información de estas instituciones me pareció precisa y actualizada; por otra parte se puede solicitar información en las organizaciones gubernamentales dedicadas a combatir el abuso del consumo de alcohol o drogas, o bien en las organizaciones de ayuda mutua, como Alcohólicos Anónimos.

El propósito de que usted se instruya en el tema no solo es inculcar en su hijo los peligros del abuso, sino ayudarlo a reconocer los síntomas del problema. Incluso hago énfasis en recomendar que se familiarice con los accesorios que se utilizan en el consumo de drogas, como botellitas, equipo para la cocaína, frasquitos, pipas de agua y sujetadores para las colillas de los cigarros de mariguana.

Una vez que tenga reunida la información, analícela junto con su cónyuge para que su actitud hacia las drogas coincida y estén igualmente informados. Si está separado o divorciado, esto es especialmente importante, ya que los chicos que viven solo con uno de sus padres tienen una incidencia más elevada de abuso de drogas y alcohol. Además, es frecuente que los esposos, debido a que las relaciones entre ellos están tensas, no se pongan de acuerdo acerca de las normas de comportamiento de sus hijos. No obstante, sin importar qué tan delicado y doloroso pueda ser, es esencial que cooperen cuando se trate de imponer disciplina y límites. Por el bien de un hijo es mejor que el padre ausente apoye la actitud antidrogas que haya en el hogar. En algunos casos, el padre o la madre ausente puede tener una mayor influencia, debido tal vez a que no es quien, por lo regular, impone la disciplina.

Lo esencial: no se permite el consumo de drogas

Su postura ante las drogas, sin importar la edad de su hijo, debe ser perfectamente clara: usted no va a acceder a que pruebe tabaco, ni drogas, ni alcohol. Dada la difusión que tiene entre los jóvenes el abuso del consumo de drogas, se podría pensar que esta actitud sería universal entre los padres de hoy; pero en una encuesta realizada en California entre alumnos de secundaria, uno de cada 10 estudiantes afirmó que sus padres estaban a favor de que los adolescentes fumaran mariguana, o eran neutrales al respecto, mientras que uno de cada cuatro declaró que sus padres tenían actitudes similares ante el alcohol.

Es usual que al tabaco, el alcohol y la mariguana se les llame "drogas de iniciación", porque por lo regular con ellas empiezan los jóvenes. Cuando en California se preguntó a los muchachos de sexto grado de primaria, y de secundaria, cuáles habían sido las drogas que utilizaron la primera vez que se intoxicaron, el 38 y el 53%, respectivamente, respondieron que había sido el alcohol; en tanto que el 14 y el 15% dijeron que la mariguana o el hachís (el tabaco no se incluyó en la encuesta). Las anfetaminas, sicodélicos y otras drogas, constituyeron una minoría relativa: 0.3, 0.2 y 1%, respectivamente, entre los alumnos de sexto grado de primaria, y de 0.3, 0.4 y 0.8%, entre alumnos de secundaria.

Desde luego que no todos aquellos que consumen las drogas de iniciación llegan a la cocaína, LSD, heroína..., pero tome en cuenta lo siguiente:

Tabaco y otras drogas: de acuerdo con el doctor Robert L. DuPont Jr., los fumadores de cigarros entre los 12 y los 17 años de edad, tienen el doble de probabilidades de beber, nueve veces más de ingerir depresivos y estimulantes, 10 veces más de fumar mariguana y 14 veces más de consumir cocaína, heroína y alucinógenos, que los no fumadores.

Alcohol y otras drogas: de acuerdo con las cifras publicadas por el CNA, la mitad de los grandes bebedores jóvenes también fuman mariguana con regularidad: por lo menos una vez a la semana.

Mariguana y otras drogas: una encuesta, realizada con más de cinco mil estudiantes a nivel nacional, reveló que el 26% de los que consumían mariguana también habían probado la cocaína, los alucinógenos y los derivados del opio; mientras que entre los no fumadores solo había 1% que las habían probado. En efecto, nadie se convierte en dependiente o adicto a *una* droga, pues las sustancias que corresponden a la misma clasificación —por ejemplo el alcohol y los sedantes son depresivos—, actúan de modo similar en el cuerpo. Así, una persona adicta al licor está más propensa a ser adicta colateral a los sedantes, y viceversa.

El argumento contra esta teoría es que un cigarro de mariguana no va a convertir al muchacho en vicioso. Es decir que, si no hay variables en esta ecuación, un cigarro de mariguana más un muchacho es igual a cero problemas; pero sí los hay, por la curiosidad natural de los muchachos. Una vez que pruebe la mariguana, por ejemplo, y no padezca ningún efecto nocivo, o por lo menos no se dé cuenta de eso, hay más posibilidades de que llegue a fumarla con frecuencia, así como de que llegue a probar otras sustancias. Además, el consumo de cualquier droga, aunque se trate de una "menor", lo ubica en una subcultura corruptora de los jóvenes.

Algunos padres consideran que es preferible que su hijo beba o fume mariguana en casa, en lugar de hacerlo en la calle. Hay que admitir que esta actitud tiene algo de mérito, si se trata de jóvenes mayores de edad que beben alcohol, porque es mejor que pierdan el conocimiento en el sofá de la sala y no mientras conducen rumbo a casa, después de salir del bar; pero aprobar tácitamente el consumo de sustancias ilícitas en casa (drogas, *y* alcohol en el caso de los menores de edad), es inadecuado. Los padres que actúan así toleran un comportamiento delictivo, destruyen cualquier fundamento para una futura disciplina y, de hecho, invitan al muchacho para que pierda el control.

Esta es una filosofía carente de bases que, aunque parece sensata, no funciona. Lo mismo sucede con la creencia infundada de que si las drogas y el alcohol dejan de ser tabú, los jóvenes pronto se cansarán de ellas. Tal estrategia por lo regular es contraproducente, ya que de hecho todas las sustancias crean dependencia psicológica o física.

Hay padres que toleran el consumo "moderado" de drogas y alcohol en los jóvenes pero, ¿qué es *moderado*?, ¿una cerveza o un paquete de seis? Siempre que alguien abusa del consumo de sustancias entra a las apuestas temerarias, porque no hay manera de predecir cómo va a actuar una sustancia en su cuerpo y su mente. Una tableta de LSD que aparentemente produce un placentero "viaje" mental en una persona, puede mandar a otra a un vuelo terrorífico; la cocaína puede causar dependencia en una persona después de varios meses, mientras que en otra podría tardar el doble. Uno nunca sabe, de ahí que permitir que su hijo beba, consuma mariguana —o incluso fume cigarros—, es como tirar los dados rogando que la diosa Fortuna esté de su parte.

El consumo de *cualquier* sustancia se debe prohibir y quedar estipulado en el contrato familiar: "No se te permite fumar porque va contra la salud y puede, literalmente, hacerte perder el aliento. Te puede envejecer antes de tiempo y hasta causarte la muerte.

"No tendrás permiso para beber hasta que seas mayor de edad porque, además de que el alcohol puede arruinar tu mente y tu cuerpo, e incluso matarte, es ilegal.

"No toleraremos el consumo de ninguna droga, pues además de ser algo estúpido, también es ilegal y podría causarte la muerte. Te digo todo esto porque te quiero y me preocupo por ti."

Imponga estas restricciones tan pronto como pueda. Es cierto que generalmente se aflojan las riendas cuando los hijos llegan a la edad adulta, pero nunca modere su política antidrogas. Si su hijo comenta que los padres de Fulano le permiten fumar y beber, respóndale: "Tal vez sus padres desconocen los peligros de esto, pero yo no, y voy a decírtelos para tu propia protección; también les haré saber a los padres de tus amigos cuánto lo desapruebo".

Qué decir y cómo decirlo

Nunca dé sermones. Alejan a los niños, y se asocian con castigos. Deje perfectamente claro que no está censurando a los chicos y que tampoco los acusa de consumir drogas.

No tiene por qué anunciar formalmente: "Sentémonos y hablemos de las drogas", lo que ocasionaría que sus hijos se aturdieran más rápido que con las mismas drogas. Hay infinidad de oportunidades para tocar el tema de manera informal: mientras ven juntos televisión, escuchan la radio, o leen revistas.

No adopte el celo de un ferviente predicador, deje que la evidencia más convincente —los hechos— hable por usted, y nunca emplee un lenguaje que no suene natural, como incomprensibles términos psicoanalíticos o las expresiones coloquiales de sus hijos —que los padres no llegan a comprender sino mucho después que pasaron de moda—, pues tener su propio lenguaje es una forma de los adolescentes para afirmar su identidad y su independencia de los padres, y los adultos que lo emplean solo causarán resentimiento.

Los hijos esperan y desean que los padres actúen como tales, y como amigos.

Si sus hijos son de edades diferentes, le sugiero que trabaje con ellos individualmente y que adapte su lenguaje en cada caso. En estas situaciones, por tratarse de asuntos tan complejos, es mejor explicar de más a que prevalezca alguna duda y, aunque su hijo esté en edad preescolar o sea un adolescente, nunca dé por hecho que comprendió. Asegúrese de ello.

Hablar de drogas con adolescentes y preadolescentes

Muestre a su hijo las diferentes apariencias de las drogas, a través de libros, películas educativas y videocintas. De este modo, si algún día tiene ante sí las píldoras de *crack,* podrá reconocerlas, se pondrá alerta y pensará: *Esto es malo para mí,* gracias a la información que usted le proporcionó.

Sin embargo, tenga cuidado de no abrumarlo con demasiada información, pues los muchachos prestan atención durante intervalos cortos. No es necesario que sepa que la mariguana contiene 426 sustancias, solo que causa pérdida de la memoria, atrofia el desarrollo psicológico y hace perder las ambiciones. En resumen, que no es algo bueno para él. Otra precaución que hay que tomar es no hacer demasiado énfasis en los efectos placenteros de las sustancias, de lo contrario puede estimular la curiosidad del muchacho. Aunque debe reconocer que para algunas personas es placentero el consumo de alcohol y drogas, porque un muchacho con sentido común puede preguntarse: *Si no es placentero, ¿por qué tanta gente las consume, según me han dicho mis padres?* Para sostener un equilibrio adecuado acentúe lo negativo. Diga, por ejemplo, que quien le compra drogas a un distribuidor —o a un amigo que se la compró a otro amigo, quien a su vez se la compró a un distribuidor— nunca sabe lo que está consumiendo, y podría contener un laxante o veneno para ratas que lo harán sentirse mal e incluso causarle la muerte.

Darse cuenta de lo que en realidad puede suceder a las personas que consumen drogas es tan escalofriante que no necesita emplear tácticas atemorizantes, muy populares hace algunos años entre aquellos que impartían profesionalmente educación acerca de las drogas, y que por lo regular distorsionaban los hechos.

Explique los efectos en términos generales, para causar impresión.

Es importante explicar en forma detallada las consecuencias adversas, tanto físicas como psicológicas, de las drogas, pues los chicos deben saber qué daño puede causarles una sustancia, pero es más importante aún, señalar las razones por las que la gente bebe o consume drogas. La prioridad número uno de un padre o de una madre es ayudar a su hijo para que se forme un criterio respecto a las drogas, y no convertirlo en una enciclopedia ambulante.

Ahora, de vuelta a nuestra plática sobre la cocaína, trate de emplear ejemplos que los chicos puedan ver: haga una demostración que puedan sentir, refiérase a alguna emoción que hayan vivido; en general, utilice algo aplicable a su vida y que sea comprensible para ellos.

La plática no debe durar más de cinco minutos, que es el lapso en que los chicos están receptivos; pocos días o semanas después, o cuando sea posible, trate el tema de nuevo.

Haga que el asunto sea tangible. Recuerde que para la mayoría de los muchachos de menos de 13 años, el *abuso de las drogas* es todavía un concepto abstracto. Son relativamente pocos los que han tenido experiencias con las drogas y solo una minoría ha sufrido los efectos negativos de ellas, o conoce a alguien que los haya padecido. Siempre que los medios de difusión, tan saturados de noticias acerca de las drogas, informan acerca del problema de abuso de drogas de alguna celebridad, les digo a mis hijos: "¿Saben lo que acabo de ver en la televisión?", o "¿Saben lo que leí ayer?"; de este modo, ven cómo las tragedias desatadas por las drogas y el alcohol suceden a personas *reales*, muchas de las cuales ellos conocen o idolatran.

Para miles de chicos las muertes relacionadas con la cocaína de dos jóvenes (la estrella del baloncesto colegial Len Bias y el jugador de futbol americano Don Rodgers) introdujo, en forma impactante, la fea realidad del abuso de las drogas. Además, muchos músicos de *rock*, como Keith Richards, Ozzy Osborne, Eric Clapton y David Cosby —cuyas imágenes llegan a nuestros hogares por medio de los videos musicales—, han admitido abiertamente tener serios problemas de adicción y alcoholismo. Entonces, puede señalarle a su hijo que ninguna de esas estrellas apoya el consumo de drogas, ni recuerda con afecto sus días de drogadicción, y que todos, sin excepción, dicen que las drogas estuvieron a punto de arruinar su vida y casi los llevan a la tumba. Estas revelaciones de las figuras públicas populares pueden impresionar profundamente a los chicos.

Otra técnica valiosa es relatar cualquier experiencia personal con sustancias. No se preocupe, esto no hará que piensen: *Puesto que mamá y papá alguna vez lo hicieron, está bien que yo lo haga.* Al contrario, parece ser uno de los puntos que le dará credibilidad ante ellos, sobre todo ante los que están convencidos de que sus padres saben tan poco al respecto, que creen que la mariguana es algo que necesita podarse todos los fines de semana.

Claro que no estoy orgulloso de mi pasado, pero, si admito los errores que cometí en mi juventud, logro impresionar a mis hijos y les hago ver que la adicción puede sucederle a cualquiera, incluso a la llamada "gente respetable", como su padre.

Admita, en última instancia, que el motivo de esa plática es evitar que sus hijos se metan en tantos problemas como usted.

Otras maneras de abordar el tema

Haga preguntas a sus hijos, en lugar de mencionar un hecho tras otro, como si estuviera en una junta. Por ejemplo: si está viendo la televisión con su hijo, y en las noticias hablan de un joven ciclista muerto por culpa de un conductor ebrio, pregúntele qué tan severo cree que deberá ser el castigo para el conductor, y dígale: "Ya es bastante malo que la gente que consume drogas o alcohol se mate lentamente pero, como puedes ver, también pone en peligro la vida de los demás. El año próximo vas a tener tu licencia y sé que eres demasiado inteligente como para, alguna vez, manejar en estado de ebriedad." Nótese que esta última observación se hace como un cumplido a su sentido común, y no como una acusación: "Lo mejor es que no vayas a ser tan estúpido, o nunca te voy a prestar el auto".

Si usted inicia una conversación acerca de las drogas y su hijo lo interrumpe diciendo: "Oh, ya sé todo acerca de eso", respóndale: "¿De veras?, entonces platícame, tal vez *me* enseñes algo". Y de todos modos continúe con el tema: "Quizá no sepas todo, *yo* no lo sé todo, pero no necesito saber los detalles para comprender que las drogas son perjudiciales para ti".

Lleve a su hijo a una reunión abierta de algún programa de rehabilitación para alcohólicos o drogadictos. Algunos grupos tienen reuniones en las que padres e hijos pueden ir a escuchar el relato de los casos de quienes reciben tratamiento, contado por ellos mismos. Los beneficios de estas experiencias son incalculables, pues los adolescentes escuchan a otros jóvenes de su edad describir cómo el abuso de las drogas o el alcohol, ha devastado su vida, y usted podrá conocer mejor a los adolescentes y las causas que los orillan al consumo de las drogas o alcohol. Para saber si en su localidad hay este tipo de reuniones, póngase en contacto con alguna agrupación correspondiente o con alguna oficina del Sector Salud.

Informe a sus hijos no solo de los peligros físicos del abuso de las drogas y el alcohol, sino también de sus consecuencias legales. Sus hijos deben saber las penas por posesión y tráfico de drogas, por manejar en estado inconveniente o por homicidio imprudencial —por manejar bajo la influencia de las drogas o el alcohol—. Es muy conveniente que el joven de 15 años sepa las penas que la ley impone por posesión de drogas, por ejemplo: en Estados Unidos, a quien se le sorprende por primera vez con una cantidad pequeña de cocaína, se le puede condenar con dos a 15 años en prisión; la sentencia mínima por vender 60 gramos de cocaína es desde cinco años hasta cadena perpetua, según la entidad federativa de que se trate, y quien conduce en estado de ebriedad por primera vez, puede recibir castigos que van desde multas muy elevadas y cancelación de la licencia, hasta la cárcel.

No solo debe indicarles que digan no, sino también debe enseñarles cómo hacerlo

Algunas veces los muchachos se rinden ante la presión de los amigos porque nunca se les enseñó cómo decir que **no**. Los padres deben enseñarles a hacerlo, y guiarlos hasta que la negativa ante los ofrecimientos de drogas sea un acto reflejo.

En otras palabras, aconsejar: "Di **no**", no es suficiente preparación, aunque sea un buen principio para crear una conciencia antidrogas. Estas palabras no son una manera efectiva para rechazar a alguien, porque cuando un chico solo dice que no, quien ofrece el cigarro o la botella por lo regular pregunta por qué, pues aquellos que consumen alcohol o drogas siempre buscan a alguien a quien reclutar, como una forma de exorcizar el hecho de que el manejo de sustancias es malo, y suelen ser muy insistentes. Así que si a un chico no se le ha enseñado qué responder, o si su negativa es dudosa, su resistencia terminará por sucumbir y finalmente dirá que sí.

Es difícil para los muchachos negarse a consumir drogas porque por lo regular los ofrecimientos provienen de sus amigos, y no de desconocidos. Con frecuencia los distribuidores son los hermanos mayores de sus amigos.

Carl, un adolescente de la ciudad de Nueva York, quien se encontró con que una negativa puede ser equivalente a un insulto, nos dice: "Viví durante ocho años en la misma cuadra y todos mis amigos consumían drogas; una vez uno de mis mejores amigos me ofreció 'polvo de ángel' y cuando me negué, se molestó tanto que nuestra amistad estuvo en peligro, así que acepté. No podía decirle que no a un amigo." Elyse agrega: "Algunas veces dejaba de drogarme durante un mes, más o menos, pero mis amigos llegaban, encendían un cigarro de mariguana, consumían polvo y me decían: 'Vamos, tú no eres de las que se abstienen, te conocemos'. Y seguían insistiendo hasta que finalmente ya no podía resistir más."

Cuando enseñe a su hijo a decir **no**, explíquele que usted comprende lo difícil que puede ser, y aliéntelo contándole alguna experiencia que usted haya tenido al resistir la presión de los amigos. Dígale: "No puedo aparentar que ir contra la corriente es sencillo, porque no lo es; pero rinde frutos. No siempre vas a tener que vivir con esos chicos, pero tendrás que vivir para siempre contigo mismo."

Formas para decir no

Para decir no, el muchacho no tiene que sentirse como un santo, o como un predicador. Así que, con tal de que su hijo se niegue con amabilidad, no necesita convencer a algún alma atrapada entre las drogas de que adopte la misma actitud que él.

En Estados Unidos los grupos juveniles de ayuda mutua preventiva siguen una técnica para decir **no**, que incluye tres pasos:

Primer paso: piensa si lo que quiere hacer tu amigo está bien. Los otros muchachos no siempre van a decir abiertamente: "¿Oye, quieres fumar mariguana?". Con frecuencia expresarán sus invitaciones como sugerencias similares a ésta: "¿Quieres ir al bosque con nosotros?". Así que ayude a su hijo a identificar las situaciones que pueden meterlo en problemas, como las proposiciones de los amigos para ir a vagar en lugares solitarios o edificios abandonados, ir a fiestas en casa de extraños, o fraternizar con chicos mayores. Siempre que esté en este tipo de situaciones, su hijo deberá preguntar: "¿Qué vamos a hacer allá?" "¿Tenemos permiso para ir ahí?", y deberá preguntarse a sí mismo: "¿Me autorizarían mis padres a ir?" "¿Qué pensarían?", y "¿Hacer esto me hará sentir mal?".

Segundo paso: si es algo malo, di no. Una vez que su hijo deduzca que lo que sus amigos le proponen está mal para él, debe responder de inmediato: "No, gracias", con amabilidad y firmeza, y enseguida aplicar el:

Tercer paso: utiliza la presión de los amigos; pero en sentido inverso, sugiriendo otras alternativas. Por ejemplo: "No gracias, voy a ir al cine. ¿Quieren venir?"

No estoy a favor de que se incite a los chicos a mentir; por ejemplo, que en una fiesta simulen beber un "desarmador", junto con sus amigos, cuando en realidad beben jugo de naranja y hielo. Deben aprender a sentirse orgullosos de tener el valor de poner en práctica sus convicciones, y de que es "*súper*" defender lo que uno cree; sin embargo, una técnica para decir **no**, que los chicos por lo regular aceptarán, es mover la cabeza diciendo: "Mis padres me encerrarían el resto de mi vida". Deje que su hijo lo haga aparecer como un villano, si esto le ayuda a no ceder.

Otras recomendaciones son:

- Di **no** varias veces: "¿Quieres beber?". "No, gracias." "¡Anda!" "No, gracias." "¿Ni siquiera un sorbo?" "No."
- Menciona los peligrosos efectos colaterales: "No, sé que las drogas son perjudiciales, y no me interesa".
- Cambia de tema: "No, gracias. A propósito, ¿vas a ir a la fiesta de Janice, el sábado?"
- Devuélvele el desafío: "¿Qué pasa? ¿Tienes miedo de hacerlo solo?"
- Utiliza la presión de los amigos a la inversa: "Las drogas son aburridas. No puedo creer que necesiten eso."
- Utiliza como excusa una actividad: "No puedo beber, estoy entrenando futbol", o "No puedo ir con ustedes, el recital de danza se acerca y tengo que ensayar".
- Simplemente ignora a esa persona.
- Si te encuentras en una situación en la que se estén consumiendo alcohol y drogas, acércate a los que no lo hacen.
- Y si la presión parece demasiado amenazadora, aléjate.

Las negativas pueden manejarse con afabilidad y buen humor. Ayude al desarrollo de la habilidad de su hijo para decir **no** con seguridad, representando con él situaciones de mucha presión. En estas representaciones usted —o mejor, otro de sus hijos—, hará el papel de alguien que pretende engatusarlo para que beba o consuma drogas. Simulen una situación que es probable que su hijo tenga que enfrentar, y repítanla hasta que sus respuestas parezcan naturales y seguras.

Otra representación que se debe hacer es cómo actuar cuando un conductor no está en su juicio. De acuerdo con una encuesta de Gallup, la tercera parte de los adolescentes admiten haber estado en un auto cuyo conductor, de su misma edad, estaba bajo los efectos de las drogas o el alcohol. Por esta razón, un muchacho tiene que contar con que puede llamar a su casa en cualquier momento para que vayan por él, si está abandonado a su suerte con alguien que esté ebrio, o si él lo está; para el caso, redacte un contrato informal en el que el chico se comprometa a pedir ayuda o consejo, y sus padres prometen ir por él, o pagarle un taxi, a cualquier hora, esté donde esté. Además, los padres deben prometer que no tocarán el tema hasta el día siguiente. No obstante, al llevar a cabo un acuerdo de esta naturaleza, exprese claramente que no debe interpretarse como consentimiento para irse de juerga, y que beber —o reunirse con quienes lo hagan— sigue siendo inaceptable. A pesar de todo, es un acuerdo sensato, tomando en cuenta que los accidentes automovilísticos ocasionados por el alcohol, son la causa principal de la muerte de jóvenes entre 15 y 24 años de edad. Pagar el precio por beber o consumir drogas puede ser bueno para el muchacho, y lo pagará gracias a la estricta disciplina que usted aplique, pero no cuando el costo sea su vida.

Las escuelas y la instrucción acerca de las drogas

Hay parejas que confían la instrucción de sus hijos, acerca de las drogas, al sistema escolar. Hay otras, en cambio, que piensan que solo ellos son los indicados para proporcionar cualquier guía de índole moral. Sin embargo, para la mayoría de los muchachos es mejor si los padres *como* instructores capacitados se apoyan mutuamente en un programa doble de prevención.

Las sesiones que tenga en casa con su hijo son indispensables, pero también lo es el ambiente del salón de clases donde aprenderá algunos aspectos acerca de las drogas, junto con sus amigos. La escuela no solo es el lugar donde los chicos pasan la mitad de su tiempo, sino también es donde se llevan a cabo el comercio y el consumo de drogas. De acuerdo con una encuesta realizada por Cocaine Hotline (un teléfono de emergencia, que existe en Estados Unidos para ayudar a los adictos a la cocaína), el 57% de los adolescentes compran las drogas en la escuela. Y una encuesta de 1986, hecha entre estudiantes de educación media, reveló que el 33% fumaba mariguana y el 60% tomaba anfetaminas, en terrenos de la escuela.

Al igual que la mayoría de los profesionales en el tratamiento antidrogas, soy un ferviente partidario de los programas escolares de prevención contra las drogas, aunque hasta la fecha hay pocas evidencias optimistas respecto a su influencia en los estudiantes. En 1980, el INAD encargó un estudio de 127 seminarios educativos acerca de las drogas y solo se encontraron "efectos menores" en las actitudes ante la drogadicción, o sus hábitos relacionados con la misma; pero al ubicar estas conclusiones en la perspectiva debida, la mayoría de los programas de entonces hubieran recibido una calificación reprobatoria.

¿Cuál fue el error de los primeros cursos antidrogas? En primer lugar se impartían a los jóvenes demasiado tarde, en general, durante la educación media. Para ese momento, la gran mayoría bebía y la mitad de ellos había probado la mariguana y, debido a que su punto de vista acerca de las drogas ya se había formado, las advertencias de los peligros del abuso con frecuencia les entraban por un oído y les salían por el otro. Además las referencias de muchos maestros eran dudosas. Otros problemas, según un informe del *Journal of School Health*, eran:

- Hacer énfasis en el conocimiento de las drogas, pero no en las actitudes hacia ellas.
- No mencionar la realidad de que las drogas pueden hacer que la gente se sienta bien —algo que muchos adolescentes ya sabían, y cuya omisión restaba credibilidad a los educadores.
- No mostrar a los chicos que los principios y habilidades para tomar decisiones, aprendidos en clase, podían aplicarse en la vida real.
- La falta perenne de un sistema para evaluar los métodos del programa, así como su efectividad.

Como respuesta al lamentable estado de la prevención contra las drogas en las escuelas, en septiembre de 1986 el Congreso aprobó un presupuesto de 150 millones de dólares para programas de instrucción, mientras que el secretario de educación, William J. Bennett, propuso pautas para eliminar las drogas en las escuelas. El núcleo de la estrategia antidrogas de Bennett es ampliar la educación más allá del salón de clases, al involucrar a padres y maestros, a la policía y a los estudiantes, y el doctor Charles Shuster, director del INAD, coincide al afirmar: "Ningún plan escolar contra el abuso de las drogas va a tener mucho impacto si los muchachos, en casa, tienen una escala diferente de valores, si las actitudes de los maestros hacia las drogas no son apropiadas, o si la policía no actúa eficazmente contra los narcotraficantes". Es necesaria, entonces, una acción conjunta.

Los pasos que a continuación se describen, obtenidos de la campaña "Schools Without Drugs: The Challenge" (El reto: escuelas sin drogas) y de algunas ideas mías, constituyen una política escolar y un programa para administradores, que son ideales:

Buscar el problema

- Llevar a cabo encuestas anónimas entre alumnos y maestros para apreciar la magnitud del problema.
- Enviar copias de la encuesta, incluida una clara evaluación del problema, a los miembros de la comunidad.
- Tener personal de la escuela que indique en qué parte de los terrenos escolares, por lo regular, se llevan a cabo el comercio y el consumo de drogas.

Desarrollar una política

- La política es simple: no se tolerará el consumo, posesión o venta de drogas en terrenos de la escuela, aunque sea después de clase o en fines de semana. Esto se debe a que algunas veces parece que los muchachos consideran los bailes del viernes por la noche, o los partidos de futbol de la tarde del sábado, como un oasis para consumir drogas y beber. Esta regla también se aplica al personal docente.
- Notifique por escrito a todos los estudiantes, padres y maestros, acerca de la política. En el memorándum se especificará claramente lo que constituye una violación; se definirá cuáles son las sustancias ilegales, así como los implementos inherentes a su consumo, y marcará la jurisdicción de la escuela (en Estados Unidos, de acuerdo con la Ley de Completo Control del Delito de 1984, la venta de drogas en un radio de mil pies —305 metros— de distancia del predio

escolar, es un delito federal cuya pena es el doble de la que se aplicaría en casos similares, bajo otras circunstancias). Este memorándum describirá los procedimientos para manejar las violaciones a esta política, incluidos asuntos legales, confidencialidad, procesos obligatorios, búsqueda y decomiso, notificación a los padres —cuando se sospeche que un muchacho consume drogas o se le sorprenda en posesión de ellas—, así como el aviso a la policía.

En las escuelas donde se sepa que se consumen drogas, creo conveniente realizar pesquisas ocasionales en los casilleros (si los hay), aunque esto no me congracie con la Unión de Libertad Civil de los Estados Unidos. Tales investigaciones son legales en el país, de acuerdo con la decisión de 1985 de la Suprema Corte, si las autoridades tienen bases razonables para sospechar que los casilleros de los alumnos encierran sustancias ilegales.

El Departamento de Educación de Estados Unidos recomienda que se cite a los padres de los chicos que por primera vez quebrantan las reglas, a una junta con las autoridades escolares, para que firmen un acta de reconocimiento de los problemas de adicción de su hijo. Es necesario que el muchacho acepte no volver a consumir drogas y participar en un programa de orientación o rehabilitación. Las medidas más severas, que dependen de la gravedad de la infracción, incluyen: suspensión, suspensión dentro de la escuela, envío a otra escuela, o detención dominical con una estrecha supervisión y tareas académicas rigurosas. Además, el chico debe ser reportado a la policía.

Los infractores que reinciden son sujetos de expulsión, acción legal, y remisión a un tratamiento.

• Contratar un consejero legal, antes de poner en marcha esta política, para asegurarse de que se apega a las leyes locales, estatales y federales, y para obtener un amparo apropiado contra litigios entablados como respuesta a las acciones disciplinarias.

Dar fuerza a esta política

- Aumentar la seguridad en la escuela, de acuerdo con la magnitud de los problemas. Si el consumo de drogas se encuentra muy difundido, organizar guardias para impedir que entren a la escuela personas que no sean estudiantes, así como para evitar el tráfico de drogas. Si es necesario, solicite ayuda a la policía.

Poner en práctica un programa escolar

- Iniciar la educación antidrogas desde el jardín de niños, y continuar con ella hasta el último año de secundaria. Inste a los maestros, que no sean instructores de sanidad, a que toquen el tema cuando sea pertinente; por ejemplo: con motivo de las consecuencias desastrosas de la detención de un estudiante, a causa de las drogas, o de una sobredosis.
- Como una contribución posterior para lograr un programa multidimensional, ocasionalmente invite a médicos, psiquiatras, asesores sobre drogadicción, ex drogadictos y policías de la localidad para que den pláticas, y organice visitas a las instalaciones de los centros de rehabilitación y a las delegaciones de policía.
- Distribuya entre los padres literatura al respecto, o bien organice clases nocturnas para adultos, con el fin de coordinar la educación en la escuela y en el hogar.

- Contrate asesores capacitados sobre drogas, de preferencia uno para cada sector escolar. Si desde el punto de vista financiero esto no es posible, los diferentes niveles pueden turnarse un asesor. Otra alternativa es capacitar a uno o más miembros del personal de orientación.

- Instruya a los maestros sobre los síntomas del abuso, para que puedan reportar casos de chicos que se queden dormidos en clase, o que tengan cualquier otro comportamiento que obviamente se deba a las drogas.

- Reclute estudiantes voluntarios para crear conciencia acerca de las drogas en los alumnos más pequeños. Todos los participantes se beneficiarán, pues los jóvenes participan en un programa creativo que les ayuda a aumentar su autoestima.

- Coordine la escuela con los organismos locales para la juventud, los cuales suelen promover diversos programas gratuitos donde se incluyen actividades recreativas y culturales, bolsa de trabajo y asesoría. Desafortunadamente, los muchachos y sus padres no saben los recursos con que cuentan, así que la escuela debe obtener literatura de estas instituciones para distribuirla entre los estudiantes, y los maestros deben alentar a los chicos a hacer uso de estos servicios.

- Coordine la escuela con la comunidad financiera local para aumentar la disponibilidad de empleos de verano y de medio tiempo, para los estudiantes.

Una vez que se pone en marcha una política con programas de estudio, castigos y medidas de apoyo, los padres y los maestros se reunirán periódicamente para evaluar su efectividad. Con ese fin la escuela llevará registros del consumo comprobado y venta de drogas durante equis periodo de tiempo.

Claro que son pocas las recomendaciones de este tipo por las que no haya que pagar un precio. En efecto, los impuestos aumentarán, pero, ¿no lo amerita tener una futura generación de adultos jóvenes, más productivos y libres de drogas? Sobre todo si se considera que el precio que pagan las comunidades acosadas por el abuso de las drogas es un aumento en la tasa de crímenes y vandalismo.

Los padres pueden y deben comprometerse

En áreas donde las autoridades escolares permanecen impasibles ante el abuso de las drogas entre la juventud, padres y madres preocupados se han organizado en grupos, basados en el concepto de que la fuerza está en el número, y uno de sus objetivos es superar la inercia de la burocracia. Estos grupos surgieron a mediados de la década de los setenta, y desde entonces miles de padres han brindado sus ideas y su energía para lograr un cambio local, e incluso nacional.

El grupo Madres Contra el Conductor Ebrio se inició en 1980. El mismo año se estableció la Federación Nacional de Padres en Pro de una Juventud sin Drogas, una red de padres de familia con el apoyo de Nancy Reagan como presidenta honoraria. En la actualidad hay más de siete mil grupos de padres de familia difundidos en el país, que se relacionan con el abuso del consumo de las drogas entre la juventud estadunidense.

Debo subrayar que, aunque soy partidario de los grupos de padres de familia, unirse a un grupo de esta naturaleza de ninguna manera sustituye el tiempo que uno pasa con su hijo, porque finalmente la cruzada contra las drogas se ganará en casa. Los grupos son esenciales para ayudar a los padres a compartir experiencias, sentimientos e ideas con otros.

Algunas de las metas positivas de los grupos de padres de familia incluyen:

- Compartir material educativo acerca de las drogas.
- Trabajar juntos para coordinar la hora de llegada de los chicos y las reglas acerca de las fiestas.
- Presionar a las escuelas para que instituyan programas preventivos antidrogas, que se apeguen a las normas establecidas por el Departamento de Educación, y apoyar a los funcionarios cuya postura sea positivamente antidrogas.
- Peticiones al gobierno local para que desarrolle y promueva más programas para la juventud.
- Presionar a los bares para que dejen de servir alcohol a menores de edad.
- Instar, si es necesario, a la policía para que aumente la vigilancia en parques públicos y en áreas donde la venta y consumo de drogas se presenten con regularidad.

¿La educación actual garantizará un futuro sin drogas?

Es difícil saberlo, porque la *calidad* de la prevención contra las drogas aún está en pañales, a pesar de que educadores dedicados han trabajado durante años para mejorar los programas preventivos antidrogas. Sin embargo, estudios recientes han encontrado síntomas alentadores.

Una manera de estimar el efecto que la prevención actual contra las drogas tendrá en los adultos jóvenes del futuro, es ver la relación entre el aumento del número de personas conscientes de los peligros de la mariguana y la disminución de la tendencia a consumirla. Por ejemplo: en 1975, el 43% de los alumnos de preparatoria creían que el consumo regular de mariguana implicaba un gran riesgo, y el 6% la consumía diariamente. Pero 11 años después, las cifras fueron del 71 y 4%, respectivamente. La misma relación se cumple en el caso de quienes pensaban que incluso el consumo ocasional significaba un gran riesgo: entre 1979 y 1986 la aceptación de la existencia de los peligros aumentó del 14 al 25%, en tanto que el consumo eventual disminuyó del 51 al 39%. Desde luego que algunos de esos consumidores de mariguana la sustituyeron por otras sustancias, como la cocaína.

No obstante, como indicio optimista, observe las respuestas de los estudiantes de primaria y secundaria a quienes *Weekly Reader* les pidió que esbozaran su propia estrategia efectiva para contener el abuso del consumo de drogas:

- Enseñarnos los hechos acerca de las sustancias, en la escuela y en casa.
- Que las trasmisiones de televisión incluyan más programas acerca de los peligros de las drogas y el alcohol.
- Que los padres hablen de nuestros problemas con nosotros.

Y estoy de acuerdo con ello. Después de todo, ¿quién sabe más acerca de las necesidades de los chicos que ellos mismos?

Puntos clave sobre este capítulo

- Debido a que en la actualidad la edad promedio de iniciación es de 12 años, para el caso del alcohol, y de 13 para las drogas, hay que iniciar la educación antidrogas lo antes posible: a los cuatro o cinco años.
- La mariguana es un ejemplo de una droga que, alguna vez, parte de las comunidades médica y psicológica consideraron "segura". En la actualidad se sabe más sobre ella, de ahí la importancia de consultar solo material actualizado. Desde un punto de vista conservador, evite manuales, libros y

folletos cuyas cifras e información daten de cinco años o más.

- ¿Tiene idea de cómo son los frasquitos, pipas de agua, los juegos de implementos para la cocaína y los sujetadores para las colillas de los cigarros de mariguana? Si no es así, vaya a tabaquerías y farmacias y familiarícese con ellos y con otros tipos de artículos utilizados para el consumo de drogas.
- El tabaco, el alcohol y la mariguana son, por lo general, drogas de iniciación; es decir, aquellas con las que por lo regular empiezan los muchachos. Hay estudios que demuestran que todas ellas pueden contribuir al consumo posterior de drogas, directa o indirectamente.
- Errores que los padres cometen:
  1. "Prefiero que mi hijo beba o fume mariguana en casa, bajo vigilancia, que en la calle."
  2. "Si las drogas y el alcohol dejan de ser tabú, los jóvenes pronto se cansarán de ellos."
  3. "El consumo moderado de drogas y alcohol es aceptable."

Estas filosofías dudosas con frecuencia resultan contraproducentes. No debe permitirse el consumo de ninguna droga. Incluya esta cláusula en el contrato familiar.

- Qué decir y cómo decirlo:
  1. Nunca dé sermones, porque se asocian con castigo.
  2. No anuncie formalmente: "Vamos a sentarnos para hablar de las drogas". Hay infinidad de oportunidades para hablar de ello de modo informal: al ver la televisión con los chicos, al escuchar la radio, o al leer periódicos y revistas.
  3. No asuma el celo oratorio de un predicador vehemente. Llegado el caso, deje que los hechos hablen por usted. Hable con naturalidad, sin utilizar términos psicoanalíticos incomprensibles y, sobre todo, no emplee

expresiones coloquiales generalmente usadas por los chicos.

4. Si tiene hijos de edades diversas, trabaje con ellos individualmente, adaptando su lenguaje según el caso. Debido a que es un tema muy complejo, siempre es mejor explicar de más que dejar algo sin aclarar.

5. Incluya fotografías, ilustraciones, películas y videocintas en su programa casero de educación antidrogas.

6. No abrume a los muchachos con demasiada información. Explíqueles los efectos de las drogas en términos generales, para formar una impresión.

7. No solo debe concretarse a decir los hechos uno tras otro, sino que debe hacer preguntas a sus hijos. Permita que se explayen.

8. Informe a los chicos no solo de los trastornos físicos que producen las drogas y el alcohol, sino también de las consecuencias legales inherentes a su consumo y posesión.

- Haga que el tema parezca tangible. Recuerde que para la mayoría de los chicos menores de 13 años, el *abuso del consumo de las drogas* es todavía un concepto abstracto. Atraiga su atención hacia los artículos o noticias de televisión acerca de las consecuencias adversas del alcohol o las drogas. Deje que vean que tales problemas afectan a personas reales.

- Lleve al jovencito a una reunión abierta de algún programa de rehabilitación cercano. La mayoría de esas agrupaciones tiene sesiones en las que padres e hijos pueden escuchar los casos de quienes están en tratamiento.

- Maneras de decir **no** a las drogas:
   1. Di **no** varias veces.
   2. Menciona los peligros de los efectos colaterales.

3. Cambia el tema.
4. Devuelve el reto.
5. Sugiere otra cosa qué hacer.
6. Pon como excusa alguna otra actividad.
7. Utiliza la presión de los amigos a la inversa.
8. Ignora a esa persona.
9. Si te encuentras en una situación en la que se estén consumiendo drogas o alcohol, reúnete con quienes no lo hagan.
10. Aléjate, si la presión parece ser amenazadora.

• Haga un trato con su hijo, en el que usted se comprometa a ir por él, o pagarle un taxi para llevarlo a casa, si se encuentra abandonado a su suerte con un conductor ebrio, o si él mismo está incapacitado para conducir el vehículo.

INTERVENCIÓN

Capítulo 5

Donde hay humo, hay fuego; identifique los problemas

Este capítulo pertenece tanto a la sección de Prevención como a la de Intervención, ya que aprender aspectos acerca de las drogas y conocer sus efectos, lo prepara no solo para educar a su hijo, sino también para reconocer una crisis en su etapa inicial, cuando todavía no se ha salido de control. Por desgracia, la mayoría de los padres no se da cuenta de que su hijo tiene problemas de drogadicción antes de *un año*, según el Instituto Nacional de Recursos para Padres para la Instrucción sobre las Drogas.

Quienes abusan del consumo de sustancias guardan el secreto de sus hábitos con admirable efectividad. El caso de Anthony ilustra lo anterior: cuando sus padres lo enfrentaron a su problema de drogadicción, él tenía años de ser adicto al alcohol, la cocaína y la heroína, y dice, con voz áspera: "No tenían la menor idea, yo estaba trabajando, ahorraba y me compré un auto nuevo. Claro que robaba dinero en mi trabajo, pero mis padres creían que su hijo iba bien". ¿Habían notado los síntomas delatores? Anthony sonríe con tristeza: "Desde luego que debieron haberlos notado, dejaba pistas por todos lados".

La mayoría lo hace, aunque no todas las evidencias son tan conspicuas como una pistola humeante o, en este caso, un humeante cigarro de mariguana, por lo que usted tiene que estar a la caza de advertencias menos evidentes.

Indicios físicos del abuso

Pruebas rotundas, como botellas de licor, drogas e implementos para su uso que estén escondidos, son desde luego indicios innegables de adicción; sin embargo, si tiene razones poderosas para sospechar que su hijo bebe o consume drogas, de inmediato busque en su habitación. Ahora bien, sé que la idea de andar registrando entre las pertenencias del muchacho va contra la manera de ser de la mayoría de los padres; pero, por favor, no olviden que es por una *buena causa*. Algunas veces es necesario violar la intimidad de los chicos, ya que su bienestar está en juego. Además, han perdido su derecho a la intimidad incondicional al desobedecer la regla del contrato familiar, de no consumir drogas.

Lo que usted va a buscar:

• Paquetes de papeles ondulados para hacer cigarros de mariguana.

• Sujetadores de colillas de los cigarros de mariguana (también llamados sujetadores *"caimanes"*), utilizados para sostener el diminuto extremo de una colilla y poder fumarlo sin quemarse los dedos.

- Pipas de agua (o *bongs*) que por lo regular son de vidrio y cuyo tamaño varía desde varias pulgadas hasta más de un pie (30.48 cm). Constan de tres secciones: un tubo, un recipiente y la cámara de agua, y se utilizan para fumar hachís, aceite de hachís y cocaína base. Otras pipas, de aspecto más convencional, son de metal, madera, plástico y papel, con diminutas pantallas de latón o cobre para eliminar partículas y las cenizas pequeñas.
- Jeringas para inyectarse los narcóticos: cocaína, anfetaminas y barbitúricos.
- Pequeñas cucharas —a veces de plata u oro—, para inhalar polvo como la cocaína.

No todos los implementos son tan complicados, algunos son utensilios domésticos, como:

- Bolsas de plástico; bolsitas que pueden cerrarse a presión, o con jareta; sobres de papel-cristal; tiras de papel aluminio; botellas pequeñas, cajas y frasquitos que se utilizan para guardar —o "esconder"— mariguana, píldoras, tabletas, cápsulas, polvos y soluciones.
- Básculas de mesa para pesar mariguana, cocaína, heroína y otras drogas.
- Hojas de rasurar, utilizadas para cortar drogas como la cocaína, bloques de hachís, píldoras y tabletas.
- Cucharas de cocina y tapas de botellas con tizne en el fondo, en las que los narcóticos y/u otras sustancias se han puesto al fuego.
- Trozos de algodón manchados de sangre, que indican la inoculación intravenosa de alguna droga.
- Gotas convencionales para los ojos, para disminuir el enrojecimiento.

- Frascos de alcohol, que se utiliza para esterilizar las agujas y para frotar los abscesos cutáneos.
- Lámparas de butano y cerillos para calentar los narcóticos y otras sustancias. También se utilizan para encender las pipas, los cigarros de mariguana y tabaco.

Cuando los chicos consumen drogas, debe notar que desaparecen medicinas y faltan botellas de licor, o están semivacías, por lo que debe hacer un inventario minucioso: sepa cuántas botellas de licor tiene y marque, con un crayón de cera, los niveles de cada una en el reverso de las mismas; cuente las píldoras de un frasco o, mejor aún, ponga bajo llave tanto las medicinas como el licor.

Igual control debe tener con el dinero que deja en los monederos y billeteras, pues las drogas son caras y un joven a quien ya no le importe robar a sus propios padres pensará: ¿Qué madre o padre llegaría a proceder en contra de su propio hijo?

Otro indicio que hay que buscar, en muebles y ropa, son los agujeros producidos por las quemaduras de los cigarros, de tabaco o de mariguana, o las semillas de ésta que "estallan" cuando se calientan.

La identificación de los signos de abuso del consumo de drogas o de alcohol, requiere que usted utilice su nariz tanto como los ojos.

Literalmente, olfatee para percibir los aromas dulces de la mariguana y el hachís, el olor acre de los utensilios quemados, el olor picante del azufre de los cerillos utilizados, el olor del incienso y de los desodorantes ambientales para enmascarar los del alcohol y el humo, y el del enjuague bucal en el aliento del joven, utilizado para disimular el olor del alcohol, la mariguana y el hachís.

Pistas del abuso, en el comportamiento

En la sección de Prevención se hizo énfasis en la importancia de que ponga atención a las desviaciones en el comportamiento de su hijo; lo mismo sucede en la sección de Intervención. Desde luego, con los chicos puede ser problemático definir si cambios como rebeldía, melancolía y alejamiento obedecen al abuso en el consumo de drogas, o simplemente a las vicisitudes del proceso de alcanzar la edad adulta.

Siempre que un joven en edad vulnerable a las drogas parece actuar de modo peculiar —o solamente parece no ser el "mismo"— anote su observación y qué la provocó, así como la fecha. En esta forma, si la conducta extraña reaparece puede estar seguro de que no se trata de algo imaginario. A continuación se mencionan algunos indicios comunes a los que los padres deben poner atención:

Pasar mucho tiempo en el baño: el ruido que se hace al utilizar los implementos puede apagarse con el sonido del agua al correr y con el zumbido del ventilador, que además disipa el humo de la mariguana. Eso, sin mencionar que una puerta con llave asegura la intimidad.

Posesión, súbita e inexplicable, de dinero: si cree que su hijo está involucrado con las drogas, de vez en cuando calcule la totalidad de su mesada y, en caso necesario, el salario que obtenga de un trabajo de medio tiempo. Estime con cuánto efectivo cuenta o déle un vistazo a su cuenta bancaria. Los gastos extravagantes y/o frecuentes pueden ser un indicio de que su hijo, además de podar el césped o lavar autos a cambio de un salario mínimo, trabaja como distribuidor de drogas. Según una encuesta realizada entre adolescentes que consumen drogas, por la Cocaine Hotline, el 42% admitió vender sustancias, mientras que el 62% aceptó que las compraba, la mayoría de las veces con el dinero que sus familiares les dan para el recreo.

Comportamiento reservado: cierto grado de reserva es normal en los adolescentes, pero aquellos que consumen drogas pasan demasiado tiempo encerrados en su cuarto, o vagando en las calles. Cuando hablan por teléfono lo hacen en susurros, dicen poco acerca de los lugares donde van a estar, o de sus actividades diarias, o bien proporcionan *demasiada* información circunstancial.

Cambio de amigos y de lugares preferidos: si un muchacho se involucra con las drogas y con quienes las consumen, ponga atención a las caras nuevas, sin nombres, que se deslizan por la puerta —a menudo en horas singulares, para poder realizar el comercio clandestino de la droga—. Probablemente su hijo antes solía presentarle a sus amigos, pero ahora parece renuente a traerlos a casa y, si usted le hace preguntas acerca de ellos, se muestra evasivo, porque sabe que tal vez usted los desapruebe. Las pocas veces que los vea por ahí, en la entrada de la casa —mientras esperan a su hijo—, su actitud tenderá a ser fría y reservada, y por teléfono raras veces darán su nombre.

Cambios impredecibles de humor: quienes consumen drogas pueden parecer hipersensibles, generalmente hostiles, resentidos con todo lo que sea autoridad, incluso violentos, puesto que las sustancias controlan sus emociones. Cuando se toca el tema de las drogas, a menudo toman una actitud defensiva y parecen anticiparse a las preguntas.

Actitud irresponsable en casa y en la escuela: aquellos que consumen drogas descuidan sus tareas del hogar y otras obligaciones, desaparecen el día de algún acontecimiento familiar importante, sus mentiras son crónicas. Un signo muy significativo del abuso del consumo de las drogas es el deterioro del desempeño escolar. Los muchachos que están seriamente influenciados por las drogas harán caso omiso de toda regla en forma flagrante, no respetarán las horas de llegada, tendrán conflictos con las autoridades escolares —aun con la ley— y conducirán con imprudencia.

Preocupación por las drogas: la conversación y las bromas de un muchacho que abusa del consumo de drogas están plagadas de alusiones a éstas, aunque niegue haber tenido algo que ver con ellas alguna vez. Otras pistas que hay que tener en cuenta son las camisetas, los cromos en las paredes y las calcomanías para el auto que contengan mensajes en pro de las drogas.

Deterioro de la salud y la apariencia: es típico que descuiden la higiene y el vestido, los ojos con frecuencia están enrojecidos, los párpados caídos y las pupilas dilatadas. La piel se ve pálida y demacrada. Los muchachos que consumen drogas, además, pierden el apetito y bajan de peso, excepto los que fuman mariguana, quienes comen entre comidas —tienen sobre todo, un deseo vehemente de comer dulces—, por lo que suben de peso. Otros problemas médicos comunes son: infecciones, desórdenes digestivos y respiratorios, elevada susceptibilidad a las gripas, y resfriados persistentes. Además tienen golpes y magulladuras que son producto de caídas.

Pérdida de las ambiciones: en términos generales, el consumo de las drogas fomenta la pasividad. Todas las drogas psicoactivas usadas en dosis considerables, o con frecuencia, "tienen efectos tóxicos en el cerebro, que se pueden detectar con un examen bajo el microscopio", según lo afirmaron los famosos investigadores Helen C. Jones y el finado Dr. Hardin B. Jones. En el caso de los consumidores empedernidos, sufren daños como: fallas en la memoria a largo y/o corto plazo, falta de concentración, intervalos limitados de atención y habla confusa e incoherente. Estos cambios en el comportamiento se pueden desarrollar en el transcurso de varios meses o en más de un año, atravesando las siguientes etapas de evolución: "experimental", "ocasional", "progresiva" y "terminal", aunque el segundo y cuarto términos no son apropiados, puesto que "ocasional" implica que hay un problema "fortuito" relacionado con las drogas y, respecto al otro término, con un adecuado tratamiento profesional antidrogas pocas adicciones son "terminales". Para nuestros fines les designaremos números del uno al cuatro:

Primera etapa

Las drogas que se consumen incluyen: tabaco, alcohol, mariguana e inhalantes.

Comportamiento y *actitud ante las drogas*: el chico que se encuentre en la primera etapa consume drogas de vez en cuando, motivado por la presión de los amigos y la curiosidad, pero nunca las compra y, aunque no son importantes en su vida, aprende a que el estado de ánimo puede mejorar con su consumo. No hay cambios evidentes en su comportamiento, y la mayoría de los consumidores experimentales renuncian a ellas por completo.

Segunda etapa

Las drogas que se consumen incluyen: tabaco, alcohol, mariguana, inhalantes, hachís, anfetaminas y barbitúricos.

Comportamiento y *actitud ante las drogas*: un muchacho que atraviesa por la segunda etapa se intoxica con más frecuencia, por lo regular en reuniones de fin de semana o durante los días festivos escolares y en las vacaciones de verano. El consumo de drogas no es premeditado y el chico no las busca. Debido a que aún no sufre los severos efectos físicos y psicológicos posteriores, cree que puede dejarlas en cualquier momento, una creencia errónea de serias consecuencias: la tercera etapa ya se ha iniciado.

Tercera etapa

Las drogas que se consumen incluyen: tabaco, alcohol, mariguana, hachís, anfetaminas, barbitúricos, cocaína, *crack* y alucinógenos.

Comportamiento y *actitud ante las drogas*: la diferencia entre el solo *consumo* de las drogas, en las etapas anteriores, y el *abuso* de las mismas en esta etapa, es que el muchacho altera su estado de ánimo intencionalmente, con la creencia de que el bienestar y el placer solo se pueden obtener gracias a las drogas. Sus emociones oscilan de un extremo a otro, sin términos medios. No necesita estímulos para drogarse, lo hace incluso entre semana y sale en busca de las drogas. Y, lo que es más serio, ha desarrollado tolerancia y dependencia psicológica respecto a algunas de ellas.

El desempeño de las tareas del hogar y de la escuela disminuye, los amigos cambian y las relaciones familiares se vuelven ásperas, pues en la tercera etapa el chico se torna más reservado y retraído. Las drogas, y todo lo relacionado con ellas, ocupan gran parte de su tiempo e ideas, de ahí que se vuelva descuidado, se olvide de esconder las sustancias y los implementos inherentes a su consumo. Niega con vehemencia su problema.

Cuarta etapa

Las drogas que se consumen incluyen: todas las anteriores, más heroína y otros derivados del opio.

Comportamiento y *actitud ante las drogas*: la situación del jovencito que atraviesa por esta etapa es drástica. Ahora depende, física y psicológicamente, de las sustancias y necesita con desesperación dosis cada vez más elevadas para sentirse "normal"; pasa la mayor parte de su tiempo consumiendo drogas o tratando de conseguirlas; no puede combatir la adicción sin tratamiento profesional; sus únicos amigos son otros adictos y su vida familiar se convierte en un infierno, dañada por discusiones constantes, y huidas. En esta etapa el adicto, por lo regular, ha abandonado la escuela o fracasado en ella. No puede conservar ningún trabajo, así que roba o bien trafica con drogas. Está acosado por sentimientos de culpa e inutilidad. Puede, además, sufrir desmayos, deterioro de la memoria, regresiones, enfermedades frecuentes y pensamientos suicidas.

Las drogas más populares en la actualidad y sus efectos

Las drogas actúan en el organismo de cada individuo de manera distinta, debido a que cada persona reacciona en forma única. Por ejemplo, usted tal vez conoce a alguien que "aguanta mucho" cuando bebe, y a otro que "no aguanta ni una copa". Cuando eduque a su hijo es importante subrayar que nadie sabe si tiene mucha o poca tolerancia a las sustancias, hasta que el daño ya está hecho.

Tolerancia es el punto en el que el cuerpo requiere más droga para alcanzar el mismo efecto que antes. La *dependencia psicológica*, en cambio, se refiere al consumo compulsivo, en el que las drogas se utilizan para dejar de sentirse mentalmente mal. La *dependencia física* se presenta cuando el cuerpo ya no puede trabajar sin drogas y el adicto, cuando se le priva de ellas, se hunde entonces en un trauma llamado "abstinencia".

La diferencia entre estos dos últimos términos es principalmente mera cuestión de semántica pero, de cualquier modo, el alcohol o las drogas se han convertido en el centro de la vida del muchacho que, aun después de haber sufrido consecuencias emocionales y físicas adversas, anhela drogarse. La persona que ya no puede detenerse es un adicto.

Es indispensable estar al día acerca de los cambios constantes en el mundo de las drogas, incluso si usted cuenta con experiencias de primera mano, ya que —al igual que el arte y la moda— las drogas se ponen en boga y caen en desuso después. Desde 1980, el consumo de metacualona ha disminuido de manera considerable, mientras que la cocaína ha ganado popularidad. En la década de los sesenta los jóvenes buscaban una alternativa diferente de la tendencia general, que se reflejaba en el entusiasmo por los alucinógenos como el LSD, en tanto que, en los años setenta, la expansión de la mente cedió el lugar a la pacificación de la misma a través de los calmantes hipnóticos, y en los años ochenta las drogas preferidas reflejan nuestra obsesión cultural por la competencia y la conciencia de la posición social, de ahí que entre las favoritas están las drogas que facilitan —o parecen facilitar— el buen desempeño, como la cocaína, que también es una droga de "prestigio" pues se le considera como símbolo de éxito en ciertos círculos.

Alcohol

Presentación: cerveza, vino, bebidas a base de vino, licores fuertes. Puede venir en botes, botellas y cajas.

Hay que observar si: percibe el olor del alcohol, o del enjuague bucal, en el aliento de su hijo; tiene ojos amarillentos, rojos o vidriosos; la cara hinchada; la piel fría y pegajosa; el habla es ininteligible; su comportamiento es desordenado, y sufre "crudas", que se caracterizan por dolor de cabeza, náuseas, sensibilidad extrema a la luz y el ruido, sed y agotamiento.

Objetos inherentes a su consumo: botellas, latas, cajas e identificaciones falsas para comprobar la mayoría de edad y así poder comprar el licor.

Forma de consumo: vía oral. Estadísticamente, los adolescentes beben casi tanto como los adultos, y uno de cada 20 alumnos de preparatorias bebe *todos los días*.

No deja de ser irónico que el número de casos de embriaguez en los adolescentes, ha aumentado aun cuando se le ha dado mucha atención al problema de las "drogas". Esto se debe a que nuestra sociedad tiende a considerar el alcohol como algo independiente de las demás drogas. De hecho algunos padres se sienten aliviados al descubrir que sus hijos "solo" beben y no fuman mariguana o ingieren píldoras; pero el alcohol es una droga, un depresivo que causa más muertes entre la gente joven que cualquier otra sustancia. Se podría decir que el alcohol solo se diferencia de las otras sustancias en que es legal, barato y relativamente fácil de conseguir —aun para los menores—, lo que lo hace aún más peligroso.

Agregado a esto hay que reconocer que en nuestras sociedades, los medios masivos de comunicación —entre ellos con mayor impacto la televisión— se valen justamente de la juventud y la belleza para promocionar el alcohol. Su ingrediente activo es el alcohol etílico, o etanol, producto de la fermentación. Si al alcohol se le extrae el agua, queda éter: un anestésico que afecta al cerebro. Ingerir una "sobredosis" es embriagarse, lo cual depende de la complexión, el porcentaje de alcohol en la bebida, la cantidad consumida, la rapidez con que la eliminará el organismo, la cantidad de alimento que haya en el estómago, el ambiente, las experiencias anteriores a beber y la mentalidad del que bebe.

Efectos inmediatos

Aunque el alcohol vuelve más lenta la actividad del sistema nervioso central, parece llenar de energía a algunas personas y calmar a otras. Cuando se ingiere en pequeñas cantidades (aproximadamente 180 ml) puede eliminar la ansiedad, inspirar confianza en uno mismo e inducir una sensación de tranquilidad; sin embargo, al beber más, la euforia inicial se invierte y da como resultado depresión. El hígado sólo puede metabolizar alrededor de 30 ml cada 60 minutos, así que más de una o dos copas en una hora, por lo regular causarán embriaguez.

El alcohol afecta las siguientes partes del cuerpo, en este orden:

- El aparato digestivo, en especial el hígado, que tiene que procesar el 90% del alcohol. El resto se elimina a través del sudor, la respiración y la orina.
- El aparato circulatorio, pues los vasos sanguíneos se dilatan, generan calor y sensación de enrojecimiento aunque, de hecho, la temperatura corporal baja.
- El cerebro, sobre todo el hemisferio derecho, que es el que controla el pensamiento, el reconocimiento de las texturas y las formas, así como la percepción del espacio entre los objetos. La memoria, la capacidad de discernimiento y el habla disminuyen. La vista se torna borrosa, el paso y las manos muestran inseguridad. Los reflejos se retardan; y un adolescente puede comportarse de manera extraña e incluso de manera violenta.

El efecto del alcohol puede durar de una a doce horas. La mayoría de los muchachos se embriaga por primera vez con cerveza o vino, cuyos efectos se equiparan con los de cualquier licor fuerte. Una botella de, aproximadamente, 320 ml de cerveza contiene igual cantidad de alcohol que un vaso de 120 ml de vino, o alrededor de 45 ml de whiskey. Las bebidas hechas con vino y jugos de frutas, recientemente han empezado a ganar popularidad, y su contenido de alcohol es más o menos 5% menos de la mitad de la mayoría de los vinos de precio promedio, pero es suficiente para aficionarse a ellas.

Muchas veces los jóvenes combinan el alcohol con otras drogas, como los depresivos, debido a que el primero es muy fácil de obtener. Esta combinación produce *sinergismo*, durante el cual los efectos de cada sustancia aumentan y el efecto total es mucho mayor que la suma de cada componente. Se incrementa también el riesgo de que el joven subestime las consecuencias físicas de lo que ingiere. Otra combinación tan típica como peligrosa es alcohol con mariguana, cuyo contenido de THC suprime el "control cerebral del vómito". Normalmente, cuando se consume demasiado alcohol, el píloro (una válvula que permite el paso de lo que se ingiere del estómago al intestino delgado) recibe la orden de cerrarse para proteger al resto del cuerpo de esta toxina; es decir, se confina el alcohol en el estómago, el cual se irrita e induce el vómito. Pero cuando el cerebro se encuentra bloqueado temporalmente por el THC, el mensaje para cerrar el paso nunca se transmite al píloro, y la persona puede beber mucho más de lo que su cuerpo puede tolerar. Las consecuencias más peligrosas las sufren los jovencitos que beben y conducen.

El alcohol disminuye la habilidad del joven para detectar objetivos pequeños, y dilata las pupilas, por lo que los ojos se vuelven extremadamente sensibles a la luz. Debido a esto, al conducir, el brillo de las luces de los autos que vienen de frente puede cegarlos. Además, el alcohol disminuye la capacidad para retener los sucesos recientes, incluida la habilidad apenas adquirida para manejar, sobre todo en el caso de los muchachos principiantes en esta actividad.

Los efectos del alcohol se prolongan durante varias horas, así que, aunque un muchacho se recupere psicológicamente, bajo ninguna circunstancia debe conducir un vehículo ya que físicamente sigue bajo los mismos efectos. Si un joven que pesa entre 60 y 70 kg. se toma tres copas en una noche, tiene que esperar 5 horas antes de conducir, y una chica tendría que esperar más tiempo.

Los remedios tradicionales para recuperarse —café negro, aire fresco, baños fríos de regadera— no tienen ningún efecto en la capacidad del cuerpo para absorber el alcohol, cuya concentración disminuye en un 0.015% cada hora, aproximadamente. Estos factores vitales se deben hacer del conocimiento de los jóvenes, sin insinuar que el consumo de alcohol es inadmisible, para que si llegan a beber o a estar con un conductor en estado de embriaguez, no suban al auto.

Efectos a largo plazo

Todos sabemos que el alcohol crea adicción física y psicológica, y que puede llevar al alcoholismo; pero en el caso de los jóvenes es más serio, porque mientras a los hombres adultos les toma de 10 a 12 años desarrollar la enfermedad del alcoholismo (un poco menos para las mujeres adultas), los adolescentes caen en la adicción en seis meses porque su mente y su cuerpo no han madurado, según lo aseveran diversos organismos especializados. Hago notar que me refiero al alcoholismo como enfermedad, como lo consideró por primera vez la Asociación Médica Estadunidense, en 1957. Un alcohólico es "una persona físicamente adicta al alcohol, con un motivo emocional para beber... un bebedor compulsivo", según la definición de la organización mundial de autoayuda Alcohólicos Anónimos.

El alcoholismo consta de cuatro etapas. Si con el tiempo una persona llega a la tercera etapa —Gamma— su deseo vehemente por beber es físicamente incontrolable, lo que acaba con su libertad. Los síntomas del alcoholismo incluyen:

- Beber cantidades mayores y con más frecuencia.
- Buscar pretextos para beber con la familia y los amigos.
- Volverse malhumorado y retraído, así como más propenso a las enfermedades.
- Sufrir alucinaciones, desórdenes nerviosos y fobias (miedos ilógicos).

El 70% de los alcohólicos padecen desmayos, se recuperan después de beber, y no recuerdan nada de lo sucedido.

En la cuarta etapa —Delta—, el alcohólico no puede abstenerse físicamente del alcohol, ni siquiera un día, sin mostrar los efectos de la abstinencia.

El efecto más severo, llamado *delirium tremens* (Dts), es un espectáculo terrible que presencié en múltiples ocasiones como consejero de Cenikor. El alcohólico en abstinencia tiene ataques similares a los epilépticos, también puede tener alucinaciones acerca de demonios y víboras. Es triste decir que el periodo de abstinencia de los adolescentes no es menos doloroso que el de los adultos.

El alcoholismo destruye células cerebrales irremplazables y a menudo fatiga el hígado, por lo que las grasas se aglomeran y como resultado puede generarse tejido de cicatrización, condición potencialmente fatal de devastación celular conocida como cirrosis, que es una de las 10 enfermedades que más muertes causan en Estados Unidos. En los adolescentes, la cirrosis se puede desarrollar después de 15 a 20 meses de estar bebiendo. Asimismo, debe usted hacerle ver a su hijo que uno de cada 10 estadunidenses muere cada año por alcoholismo y que, en promedio, los alcohólicos viven de 12 a 15 años menos que los no bebedores.

Tabaco

Presentación: cigarros, puros, tabaco para pipa y para masticar, latas de tabaco suelto o en polvo.

Hay que observar si: existe tos seca y frecuente, sobre todo en las mañanas, que se presenta cuando los pulmones del fumador intentan expeler los irritantes; manchas amarillas en los dientes y, en el caso de los fumadores crónicos, en los dedos.

Implementos necesarios: cerillos, encendedores de butano, papel de arroz para hacer los cigarros.

Formas de consumo: inhalado o por vía oral. Desde principios del siglo XVII, el rey inglés James I describió el hábito del cigarro, llevado del Nuevo Mundo, como peligroso y "sucio", aunque no fue sino hasta 1964 cuando el Comité Consultor de Medicina General emitió su informe acerca de los riesgos del consumo del tabaco.

Las estadísticas de la Sociedad Estadunidense del Cáncer muestran que el consumo de cigarros entre los adolescentes ha disminuido alrededor de una tercera parte, entre 1974 y 1979, pero que se ha estabilizado desde entonces.

Efectos inmediatos

Los cigarros contienen nicotina, alquitrán y monóxido de carbono. Este último es el mismo gas incoloro e inodoro que emite el escape de su auto, y que desplaza al oxígeno de los glóbulos rojos. Respecto a la nicotina, se trata de un alcaloide tóxico, natural, que estimula al cerebro y al sistema nervioso central, así que después de una fumada la presión sanguínea se eleva y el corazón late entre un 40 y 50% más rápido por minuto —aunque cuente con menos oxígeno del que necesita—. Por otra parte, el alquitrán está compuesto de varios miles de sustancias, así como de gases causantes del cáncer, como el cianuro de hidrógeno y el óxido de nitrógeno.

Efectos a largo plazo

Fumar en exceso (cinco cigarros por día durante un año, o uno diario durante cinco años, o una cajetilla por día durante un mes o dos) causa dependencia psicológica y física y, aunque los cigarros con filtro reducen ligeramente el riesgo, no es suficiente para evitar el peligro. Por esta razón, aunque la incidencia de cáncer pulmonar entre quienes fuman cigarros con filtro es menor que entre aquellos que los fuman sin filtro, sigue siendo 6.5 veces mayor que entre los no fumadores. Incluso las marcas bajas en nicotina y alquitrán no disminuyen los daños en forma significativa, y el mentol de nueve de cada 10 marcas estadunidenses no tiene ningún efecto en la disminución de los peligros que implica el consumo de tabaco.

Otras maneras de consumir tabaco, como masticándolo e inhalando el polvo, también causan adicción, a tal grado que muchos que emplean estos medios están tentados a cambiarlos por cigarros. Se sabe de adolescentes que han muerto a causa de cáncer en la boca y en las mandíbulas, ocasionado por masticar tabaco.

Mariguana y hachís

Presentación: es una mezcla de hojas, tallos y ramas secas de color verdoso o café, además de flores amarillentas y diminutas semillas ovaladas. El hachís tiene el aspecto de ladrillos, pelotas o barras grumosas de color negro o café. El aceite de hachís es un líquido denso y pegajoso, que puede ser transparente, café, rojo amarillento e incluso negro.

Hay que buscar: el aroma dulce de la mariguana o el aún más dulce del hachís, en la ropa, el pelo o el aliento de su hijo. El olor del incienso, de desodorantes ambientales y del enjuague bucal para disimular el aroma de la droga. Manchas amarillentas, similares a las de la nicotina, en dientes y dedos. Observar si hay palidez, problemas respiratorios, ojos enrojecidos y si usan gotas para disimularlo; colillas de mariguana, semillas y tallos.

Implementos necesarios: sujetadores para las colillas de los cigarros, papel de arroz para hacerlos, básculas, navajas de rasurar, tubos, bolsas pequeñas de plástico, barras (de la mezcla antes descrita) envueltas, cerillos y encendedores de butano.

Formas de consumo: inhalación para que alcance los pulmones; ingerido junto con alimentos, como galletas de chocolate.

El THC, principal ingrediente psicoactivo de la mariguana, viene en cápsulas suaves y gelatinosas, que se degluten; sin embargo, es poco el THC puro que se puede encontrar. Lo que regularmente se vende en la calle son otras drogas, como el PCP.

El hachís se puede comer, lo que disminuye sus efectos, o se puede fumar en pipa; en tanto que el aceite de hachís se puede fumar en una pipa de agua o mezclado en un cigarro de mariguana. Esta última (también llamada mota, yerba, mari, la verde, juanita, pasto o mostaza) se deriva de la planta *cannabis sativa* que en un tiempo se utilizó para fabricar cuerda y papel; su aceite era un ingrediente de ciertas pinturas, y sus semillas se usaban para alimentar a los animales. Es una de las drogas más antiguas, que altera la mente, cuyos efectos aparecen descritos en la literatura china de hace cuatro mil años.

La noción, alguna vez persistente, de que la mariguana es inofensiva ha caído en desuso, junto con el idealismo del amor libre de la revolución sexual. Ahora sabemos que se trata de una droga muy completa, con un mosaico de propiedades sedantes, estimulantes, tranquilizantes y sicodélicas. Además contiene 426 sustancias químicas que, al fumarla, se convierten en dos mil, de las cuales la principal (y la causante, en mayor grado, de las dos a cuatro horas que dura su efecto) es el Delta-9-tetrahidrocannabinol (THC).

Efectos inmediatos

Los efectos de la mariguana se pueden describir como euforia. En cuestión de minutos, los jóvenes fumadores se relajan y disminuyen sus inhibiciones: algunos se vuelven más sociables, mientras que otros están más retraídos. La afirmación generalizada entre los que la consumen es que la mariguana "exalta los sentidos". Así, la música parece más vibrante, las luces arden incandescentes, las conversaciones triviales parecen profundas e ingeniosas, y los participantes se ríen constantemente.

Los efectos físicos de la mariguana incluyen: los ojos enrojecidos, boca y garganta secas, descenso de la temperatura corporal y un hambre voraz. Los fumadores pueden parecer relajados y lánguidos pero su corazón late 50% más rápido, a esto se debe que los científicos llamen a esta condición ansiedad-pánico aguda y en ella los muchachos temen perder el control y permanecen aterrorizados durante varias horas.

Los jóvenes que están drogados no retienen la información y se altera su capacidad de percepción del tiempo y la distancia; además se deterioran la coordinación y la memoria de corto plazo, convirtiéndolos en una amenaza al volante. Las investigaciones del INAD muestran que cuatro de cinco chicos han conducido estando bajo los efectos de la droga. ¿Será igual esta proporción a la de los que conducen en estado de ebriedad? Tal vez no, pero los fumadores de mariguana tienden a subestimar el grado y la duración de sus efectos y la realidad es que después de fumar un solo cigarro de mariguana, las reacciones de una persona al volante se vuelven más lentas en un 42% durante cuatro o seis horas, y después de dos cigarros se retardan en un 63 por ciento.

Aunque las sobredosis no son fatales, quienes consumen droga en exceso pueden caer en un estado similar al de trance. Los jóvenes también se enfrentan al peligro de inhalar, sin saberlo, junto con la mariguana, sustancias dañinas como fenciclidina (PCP o "polvo de ángel"), formaldehídos e insecticidas.

Efectos a largo plazo

Se puede considerar que la mariguana crea adicción física, así como tolerancia y dependencia psicológica, aun en los fumadores ocasionales, de los cuales el 33% se convierte en fumador empedernido en un plazo de cinco años. Con el aumento de solicitudes para que se hagan pruebas detectoras de drogas en las escuelas y en el trabajo, su hijo debe saber que el cuerpo puede tardar 30 días en eliminar el THC que se acumula en los tejidos grasos como el hígado, los ovarios y los testículos.

En lo que se refiere al cerebro, el consumo habitual destruye sus células y merma la memoria reciente. Además, el consumo habitual puede conducir a lo que se le llama síndrome de pérdida de la motivación, que consiste en letargo, poner atención sólo durante cortos intervalos, descuido de la apariencia personal y una falta generalizada de interés por todo, excepto las drogas.

El Dr. I. R. Rosengard concluyó, a partir de un estudio que realizó en 37 mil sujetos, que el consumo excesivo de esta droga puede atrofiar el cerebro. A los fumadores empedernidos se les puede describir como "consumidos". Parecen lentos, con una inteligencia mediocre, olvidadizos y sujetos a diferentes grados de cambios en la personalidad. La mariguana no causa desórdenes mentales, pero puede acentuar problemas psicológicos ya existentes, sacándolos a la superficie. La Federación Nacional de Padres en Pro de una Juventud sin Drogas, afirma que cada mes, más de cinco mil personas buscan ayuda profesional por problemas relacionados con el consumo de narcóticos.

Hace poco tiempo, la Escuela de Medicina de la Universidad de California en Los Ángeles (UCLA) estudió a 229 fumadores de mariguana y encontró que, además de la ocurrencia de bronquitis crónica, las vías respiratorias y los bronquios de los sujetos estaban deteriorados; ni siquiera los fumadores empedernidos de tabaco mostraron un daño tan severo. El investigador doctor Donald Tashkin concluyó que los fumadores de mariguana pueden estar expuestos a "un alto riesgo esperado" de contraer cáncer pulmonar, a causa de los depósitos de alquitrán y otras sustancias causantes de la enfermedad, y afirma que cinco cigarros de mariguana equivalen a *ciento doce* elaborados con tabaco.

Otros hechos graves que hay que señalarle al joven en desarrollo, son: la mariguana disminuye la capacidad del organismo para protegerse de las enfermedades, pues reduce la acción de los glóbulos blancos, que son los que combaten las enfermedades; de ahí que un chico que regularmente fuma mariguana tiene más probabilidades de enfermar. De igual modo, hay evidencias de que los hombres que consumen mariguana antes de la pubertad pueden tener un desarrollo sexual inferior como resultado del descenso del nivel de testosterona, que es la principal hormona masculina; mientras que en las adolescentes se ha comprobado que la droga interrumpe el ciclo menstrual y que, en algunos casos, inhibe la ovulación.

El hachís, la resina seca de la planta *cannabis*, es de cinco a 10 veces más fuerte que la mariguana. Sus efectos, que duran de una a tres horas, son similares a los de la mariguana, pero con un poco menos de euforia y algunas veces mezclados con alucinaciones. Por otro lado, el aceite de hachís es un extracto sin procesar que se hierve con un solvente para eliminar el residuo; es de dos a cuatro veces más potente que el hachís, ya que su contenido de THC es extraordinariamente elevado (más del 60%). Al igual que el hachís, el aceite puede causar alucinaciones, delirios (ideas irracionales) y paranoia.

Cocaína

Presentación: es un polvo (o una pasta) blanco o amarillento. La pasta de coca ha causado serios problemas de salud en América del Sur, pero en Estados Unidos su consumo se limita principalmente al sur de Florida, Chicago y Nueva York.

Hay que observar si: la nariz está enrojecida y con flujo crónico, las fosas nasales están irritadas, hay polvo blanco en la nariz, abscesos y marcas de agujas en la piel, uso frecuente de mangas largas, ocurrencia de dolores en el pecho, garganta adolorida, y carraspera, pérdida de peso y palidez.

Implementos: navajas de rasurar, básculas, pequeños espejos y otras superficies lisas y planas, cucharas pequeñas, cordeles para las cucharas, morteros de cerámica para moler la cocaína en trozo, tubos, jeringas, frasquitos de vidrio, pequeñas bolsas de plástico, tiras de papel de aluminio y "sellos de nieve" hechos de papel blanco y que contienen cocaína, utensilios para empastar con cuero y/o estuches para hacer evaporaciones libres, cerillos y encendedores de butano.

Formas de consumo: puede inhalarse, inyectarse, ingerirse, fumarse, introducirse por vía rectal o a través de la nariz por medio de un gotero.

La cocaína (también llamada coca, harina, azúcar, nieve o *glass*) se obtiene de las hojas del arbusto sudamericano de la coca. Su fama de ser un estimulante poderoso y lleno de *glamour* se remonta a los tiempos del Imperio Inca, cuyos habitantes masticaban las hojas de coca, a las que atribuían un origen divino. El alcaloide cocaína fue aislado de las hojas de coca por primera vez en 1855. El mérito se debe al químico alemán Friedrich Gaedcke. Durante años se usó con fines medicinales, como anestésico local, y entre sus primeros partidarios estaba el neurólogo austriaco Sigmund Freud, quien afirmaba que solo una pequeña dosis "me lleva a las alturas en una maravillosa costumbre". La droga pasó a aumentar el número de tónicos, elíxires y ungüentos que se vendían junto con la aseveración de que era "un gran antídoto para las penas". ¿Increíble, no? En poco tiempo se llegó a abusar del alcaloide y en 1914 se declararon ilegales las aplicaciones que no fueran con fines medicinales.

La generalidad la considera "el champagne de las drogas", y durante muchos años fue un exceso de las clases altas. Ahora, aunque todavía cuesta tres veces su peso en oro, los precios han bajado. Esto, aunado a su disponibilidad en formas más puras, como el *crack*, y la relativa escasez de prescripciones de anfetaminas, contribuyó a la epidemia de cocaína de los años ochenta, cuando llegó a constituir el problema de la drogadicción de más rápida expansión entre los jóvenes en edad escolar.

La cocaína, por lo regular, se mezcla con ácido clorhídrico. Se "corta" o adultera, con agentes como lactosa, dextrosa, sacarosa y talco. Así, la que se puede conseguir en la calle tiene una pureza que oscila entre el cinco y el 40%. Se puede aspirar, ser diluida en agua e inyectarse, e incluso introducirse al organismo por vía rectal, o fumarse por medio de un proceso llamado evaporación libre, que convierte el polvo en un concentrado más puro, sin agentes adulterantes. Para ello se requieren solventes extremadamente inflamables que son peligrosos por sí solos; por ejemplo: en 1980 el comediante Richard Pryor sufrió quemaduras de tercer grado cuando el éter con el que estaba secando el concentrado se incendió accidentalmente, y lo envolvió en llamas.

Efectos inmediatos

La cocaína, cuando se aspira, llega al torrente sanguíneo en tres minutos; si se inyecta tarda 30 segundos, y en el caso del concentrado, alcanza la circulación en varios segundos. Hace que se contraigan los vasos sanguíneos, estimula el ritmo cardiaco, la respiración y la presión sanguínea, y produce efectos intensos que duran de cinco a 30 minutos. Quienes la consumen, por lo regular recitan extasiados la letanía de sus efectos eufóricos, como en el caso de los adictos con quienes hablamos que nos decían: "Es vivificante", "Me brinda una resistencia y un deseo sexual abrumadores", "Me siento completamente alerta". Es típico que los muchachos que consumen cocaína se vuelvan irritables, locuaces e hiperactivos y que su agudeza mental aumente —por lo menos ellos así lo creen—; sin embargo, una vez que pasa el "arrebato" inicial, viene el *malestar*, la caída caracterizada por depresión, ansiedad, irritabilidad y falta de motivación. Hago énfasis especial en el desaliento y el nerviosismo que vienen después de consumir cocaína. Aunque sus efectos anestésicos y de euforia pasan pronto, quienes la utilizan pueden permanecer despiertos durante horas y a veces días, así que consumen más droga para evitar la caída, e inician de ese modo un ciclo destructivo.

La cocaína es engañosa, al igual que otras sustancias que no tienen que administrarse por vía intravenosa, pues crea la falsa sensación de seguridad de que no pueden sufrir una sobredosis fatal; pero desde 1981 el número de muertes relacionadas con la cocaína se ha triplicado.

Las causas principales son paro cardiaco y asfixia, resultado de una apoplejía cerebral masiva. La mayoría de las víctimas se inyectaron o utilizaron el concentrado de droga, pero los resultados fatales han sido producto de la inhalación. Una dosis de 60 mg. (alrededor de dos líneas) o más, es potencialmente letal y las muertes son fortuitas. Otras consecuencias que pueden precipitarse a causa del consumo de la cocaína son: palpitaciones cardiacas, angina de pecho y arritmia.

Por otro lado, el polvo cristalino es una de las sustancias más difíciles de dejar y la tasa de reincidencia es elevada. La principal razón de esto es que los síntomas con frecuencia duran más que la rehabilitación, afirma el médico David Walsh, de los Programas de Tratamiento Fairview, en Edina, Minnesota.

Efectos a largo plazo

La cocaína puede producir tolerancia y dependencia, física y psicológica. De acuerdo con un estudio de la Cocaine Hotline, el adolescente promedio sólo tarda 15 meses y medio en llegar al abuso crónico, comparado con los cuatro años que le toma a un adulto. Una vez que los adictos la empiezan a consumir en forma compulsiva, no es raro que se vayan de juerga durante una semana o más.

Si su hijo consume cocaína, es posible que su tendencia compulsiva se manifieste como un comportamiento excéntrico; por ejemplo: puede estar limpiando su cuarto constantemente, llamar por teléfono a la misma persona en forma repetida, o regresar a la tienda varias veces porque olvidó a qué fue. Por otra parte, la Cocaine Hotline también descubrió que la mitad de los consumidores comprobados en su encuesta, padecían depresión crónica, ataques ocasionales de pánico, pérdida de la memoria y disminución del deseo sexual, lo que no deja de ser irónico tomando en cuenta que a la cocaína se la ha aclamado como un fuerte afrodisiaco. Otros síntomas a los que los padres deben poner atención son: mal humor, ausentismo en la escuela o el trabajo, pérdida del apetito, tics nerviosos, hiperactividad, insomnio, falta de sentido del humor, irritabilidad, falta de concentración, paranoia, abandono físico y rechinar de dientes. En casos extremos, en la llamada psicosis de la cocaína, los muchachos sufren alucinaciones como los "insectos de la cocaína" que caminan bajo su piel, y para detener la desagradable comezón que creen que esos "insectos" les producen, pueden intentar extraérselos con agujas.

Los síntomas físicos a largo plazo incluyen: fatiga, náusea y vómito, trastornos digestivos, severos dolores de cabeza, infecciones respiratorias, sudor frío, garganta siempre seca y perforaciones en el tabique y/o el cartílago nasales, cuyo arreglo requiere de cirugía reconstructiva y, al igual que con cualquier droga inyectable, los consumidores corren el riesgo de que se les formen abscesos en la piel, así como de contraer hepatitis y sida a causa de las agujas compartidas.

Crack

Presentación: son bolitas de color café claro y beige, o bien piedras blancas parecidas a escamas de jabón.

Hay que observar si: hay dolores en el pecho, flujo nasal y ronquera crónicos, flema negra, pestañas y cejas quemadas a causa de los vapores calientes de la droga, pérdida notoria de peso, palidez.

Implementos necesarios: frascos pequeños de vidrio, bolsitas de papel de aluminio, pipas de agua y tubos.

Forma de consumo: inhalado a través de un tubo.

El *crack* es una variante del producto de la evaporación libre que se hace mezclando cristales de cocaína con polvo de hornear, formando así una pasta que se endurece y se corta en hojuelas; entonces se esparce sobre los cigarros de mariguana y se fuma junto con ésta, o bien se vaporiza y se inhala a través de tubos de vidrio.

El nombre de *crack* proviene del sonido que hace la droga cuando el bicarbonato de sodio y otras sustancias químicas utilizadas en el proceso, se encienden. Es de dos a tres veces más pura que la cocaína y se le ha llamado la "comida rápida (*fast food*) de las drogas" —entre otras asignaciones— por sus precios bajos, pues una sola dosis cuesta de cinco a 10 dólares, lo que la pone al alcance de los chicos.

Efectos inmediatos

Sus efectos físicos y en el comportamiento son similares a los de la cocaína, pero de menor duración y más intensos (de cinco a 10 veces mayores), debido a que el *crack* entra al torrente sanguíneo a través de los pulmones y llega al cerebro en segundos. Además, es frecuente que los muchachos que lo consumen se vuelvan violentos (31% de acuerdo con la encuesta de la Cocaine Hotline) o con tendencias suicidas (18%). El *crack* no sólo crea más adicción que la cocaína, sino que el psicofarmacólogo Arnold Washton, del Hospital Fair Oaks en Summit, Nueva Jersey, afirma que en la actualidad es la droga conocida que más adicción produce.

Efectos a largo plazo

El *crack* desencadena una liberación explosiva de neurotrasmisores en el cerebro, y produce un deseo vehemente por más estimulante; pero este deseo nunca se puede satisfacer, lo que hace que la droga sea, tal vez, la más destructiva de todas, incluida la heroína. Lo único que puede detener al que la consume es que se haya agotado el suministro, la falta de dinero, o una enfermedad física. Anthony, por ejemplo, pudo ocultar su adicción a sus padres durante años, pero "tan pronto como tomé el tubo, dejé de ocultarme; todo enloqueció y caí en el desenfreno. Robé dinero delante de mi propia madre."

Dos inyecciones de heroína por día pueden satisfacer a un narcómano, pero un adicto al *crack* necesita otra dosis en cuestión de minutos. De ahí que estar esclavizado a una droga "barata" se convierta en un hábito muy caro, porque el *crack*, por gramo, en realidad cuesta el doble que la cocaína, y la rapidez con la que arruina la vida de los adictos es atemorizante.

Darrell, uno de los adictos con quienes hablé, dice: "Una vez que empecé a fumar *crack*, todo se convirtió en un caos. Dejé de interesarme por todo, excepto por usar el tubo. Podía estar fuera durante una semana entera, dejar de ir a trabajar, robar a mi familia... podía hacer cualquier cosa para conseguir dinero y comprar más *crack*. Y yo no era así, me habían enseñado a tratar a la gente, y a mí mismo, con respeto; pero cuando fumaba *crack* olvidaba estos valores. Si no me hubieran enviado a recibir tratamiento, hubiera terminado muerto o en la cárcel."

Por desgracia, las historias de horror acerca del *crack* son reales, más que en el caso de cualquier otra droga.

Otros estimulantes

(Anfetaminas, metanfetaminas, dextroanfetaminas)

Presentación: cápsulas, píldoras, tabletas. La metanfetamina viene en píldoras, cristales blancos y amarillentos, y en forma de piedra cerosa.

Hay que observar si: las pupilas están dilatadas, los ojos vidriosos; hay un hábito intenso de fumar, pérdida del apetito, respiración deficiente, cabello reseco, enfermedades de las encías, abscesos y marcas de aguja en la piel; uso de mangas largas.

Implementos: frascos pequeños, bolsitas de plástico y botellas, jeringas; billetes enrollados y popotes para inhalar; cucharas, tapas de botellas y otros objetos para calentar la droga; bolas de algodón ensangrentadas, cerillos y encendedores de butano.

Formas de consumo: se ingieren, inhalan, o se inyectan moliendo las píldoras o tabletas, disolviéndolas en un líquido para posteriormente calentarlas.

Muchos adolescentes empiezan a usar los estimulantes para poder permanecer despiertos hasta tarde cuando preparan un examen, o para vigorizarse antes de un certamen. Las anfetaminas pertenecen a la familia de las metanfetaminas y las dextroanfetaminas, y se utilizaron por primera vez con fines medicinales en los años veintes, para combatir la narcolepsia y la enfermedad del sueño. 50 años más tarde ya existían más de 30 fórmulas diferentes de estas drogas, disponibles por prescripción bajo los nombres comerciales de Predulin, Appedrina, Desoxina y Dexedrina.

Como su nombre vulgar (*aceleradores*) indica, las anfetaminas se utilizan para aumentar la agudeza mental y la energía física. También se prescriben para ayudar a controlar la obesidad, así que por desgracia, los jóvenes con frecuencia obtienen sus primeros estimulantes de las reservas secretas de píldoras dietéticas de sus padres.

Efectos inmediatos

El efecto de los aceleradores dura desde media hora hasta dos horas, se caracteriza por un aumento de los ritmos cardiaco y respiratorio, así como de la presión sanguínea; los consumidores lo han descrito como "un orgasmo de todo el cuerpo". Se puede presentar, además, dilatación de las pupilas, boca seca, sudor, dolores de cabeza, vista borrosa, mareos, falta de sueño y ansiedad. Las dosis excesivas pueden producir temblores, pérdida de la coordinación, fiebre, dolores en el pecho y ataques fatales o insuficiencia cardiaca, en especial si la droga se inyecta.

Cuando un chico ingiere anfetaminas se siente inquieto, ansioso, excitable y con una falsa sensación de confianza en sí mismo;

puede hablar sin cesar, hasta que le duela la mandíbula. Yo identifico a quienes las consumen porque constantemente abren y cierran la boca para mitigar el dolor. Una persona bajo los efectos de los "aceleradores", se siente indestructible, como si pudiera permanecer despierta siempre y realizar grandes tareas, aunque nunca lo haga.

El "viaje" producido por anfetaminas se contrarresta por una caída depresiva, como en el caso de la cocaína, y tratar de evitarla puede conducir a la dependencia psicológica. La caída que producen las metanfetaminas es especialmente intolerable, como desplomarse en un abismo sin fondo.

Efectos a largo plazo

Las anfetaminas producen dependencia psicológica, posible adicción física y la tolerancia a las mismas se desarrolla con rapidez. Los consumidores habituales se involucran en una especie de montaña rusa en la que llegan a las alturas de la euforia, para sufrir después caídas aplastantes, que algunas veces empeoran cuando intentan curar con depresivos el insomnio que producen las anfetaminas. Un círculo vicioso de esta índole produce extrema tensión en el cuerpo; no obstante, las adicciones cruzadas a estas dos drogas, son comunes entre los jóvenes.

El muchacho que consume anfetaminas por lo regular se deteriora físicamente: presenta úlceras, trastornos en la piel, nutrición deficiente y enfermedades relacionadas con deficiencia de vitaminas. Las dosis excesivas pueden provocar daños cerebrales, así como "la psicosis de las anfetaminas", similar a la de la cocaína —alucinaciones, delirios y paranoia—, pero de mayor duración. Las anfetaminas también pueden instigar al comportamiento violento y, en Estados Unidos, son la causa de la mayoría de los prolongados estados mentales psicóticos, inducidos por drogas. Las personas que se inyectan la droga corren el riesgo adicional de la formación de abscesos en la piel, de contraer hepatitis, sida, enfermedades pulmonares o del corazón, y de sufrir daños en los riñones y en otros tejidos.

La preponderancia de las drogas con apariencia y efectos similares a las anfetaminas, que se venden en la calle como "aceleradores", aumenta los peligros que éstas representan, pues a menudo se trata de dosis de 300 o 500 mg. de sustancias débiles como la cafeína, la efedrina, y la fenilpropanolamina —equivalentes a entre tres y cinco tazas de café—; pero los jóvenes que se inician con estas drogas pueden ingerir la misma cantidad de verdaderas anfetaminas sin darse cuenta de la diferencia en la potencia de cada una, y se arriesgan a sufrir los efectos de una sobredosis.

Inhalantes

(Óxido nitroso, nitritos de amilo y butilo, hidrocarburos, hidrocarburos clorados)

Presentación: el nitrito de amilo viene en ampolletas, es un líquido amarillento, claro. Asimismo el nitrito de butilo es líquido, pero normalmente se vende en botellas pequeñas.

Hay que observar si: hay tos y/o estornudos persistentes, ojos irritados, olor de las sustancias químicas en su hijo o en sus ropas, erupciones en la nariz o en la boca, sangrado nasal y fatiga.

Implementos: pañuelos y bolsas de papel con olor de los inhalantes, envases de aerosol, pequeños cilindros de metal con un globo o un tubo unidos a él, para inhalar el óxido nitroso.

Forma de consumo: las emanaciones se inhalan.

El abuso de los inhalantes conocidos como *globos* o *burbujitas*, cuyo uso está más extendido entre chicos de siete a 17 años, ha llegado a ser una amenaza pública tal, que muchos gobiernos han promulgado leyes que prohíben la venta, a menores, de productos que van desde corrector líquido para máquinas de escribir hasta botes de pintura en aerosol. Debido a que las emanaciones psicoactivas provienen de productos de uso común en el hogar —como pegamento, gasolina, líquidos para limpieza y de encendedores, solventes a base de tolueno (*solvente*) e incluso de latas en aerosol de crema batida—, detectar el abuso que tenga lugar en casa puede ser una tarea formidable para los padres; y ya que son pocos los implementos raros que habría que buscar, los síntomas en el comportamiento son la única pista con la que se puede contar.

Efectos inmediatos

Los efectos producidos por los inhalantes varían de un producto a otro, pero casi todos tienen efectos similares a los de los anestésicos —como disminución de la presión sanguínea y de los ritmos cardiaco y respiratorio—. Dos de los más populares, el nitrito de butilo y el nitrito de amilo (ilegal desde 1979), producen de tres a cinco minutos de mareos, desorientación y una sensación de carencia de peso, después de la cual los chicos se ponen soñolientos y se duermen. En lo personal, nunca he comprendido cuál es el goce derivado del consumo de inhalantes, pues uno se siente lento, perezoso, e incluso como si sufriera de hiperventilación; la lengua se advierte gruesa, la cara entumecida, y hay palpitaciones en la cabeza.

Otras reacciones provocadas por los inhalantes son: tos, hemorragia nasal, estornudos, respiración y vista deficientes, pérdida de apetito, alucinaciones, palabras revueltas y oraciones fragmentadas, y algunos chicos actúan con violencia.

Como resultado de que los inhalantes no son "drogas", es decir su propósito es otro, es común la idea errónea de que no son dañinos. Por esta razón explique a sus hijos que pueden morir si inhalan cantidades altamente concentradas de solventes o de rocío en aerosol, en particular cuando se inhalan de una bolsa de papel o tela. En 1986, en California, a cuatro adolescentes les costó la vida haber inhalado corrector líquido para máquinas de escribir. La mayoría de las víctimas se asfixian, sea debido a que se ahogan con su propio vómito mientras están inconscientes, a que las emanaciones desplazan el oxígeno de los pulmones, o a que su sistema nervioso central está tan deprimido que simplemente la respiración se detiene.

Efectos a largo plazo

Los inhalantes diezman las células cerebrales y convierten en vegetales a más muchachos que ninguna otra droga. Se considera que entre el 40 y el 60% de quienes los consumen por largos periodos, llegan a tener daño cerebral. El sistema nervioso central sufre atrofias permanentes, disminuyen las capacidades mental y física, y lo mismo sucede con los riñones, la sangre y la médula ósea, por lo que otras evidencias del abuso de estas sustancias que los padres pueden buscar son marcada pérdida de peso, así como fatiga mental y muscular. Considero una de las escenas más dolorosas ver tirados en el pasto de los parques públicos a los niños y adolescentes como moscas fulminadas por los insecticidas.

Sedantes-hipnóticos

(Barbitúricos, tranquilizantes, metacualona, otros)

Presentación: cápsulas blancas, rojas, azules, amarillas o rojas y azules. Algunas veces se venden como líquidos, polvo soluble, supositorios (barbitúricos), tabletas y cápsulas (tranquilizantes y metacualona).

Hay que observar: la ocurrencia de habla confusa, reflejos lentos, temblores, paso inseguro, comportamiento de embriaguez, periodos más prologados de sueño, estreñimiento, abscesos en la piel, erupciones y marcas de agujas, y uso de mangas largas.

Implementos: pequeñas bolsas de plástico o frascos de píldoras, jeringas, cucharas, tapas de frascos y otros utensilios para calentar las drogas, bolas ensangrentadas de algodón, cerillos y encendedores.

Formas de consumo: vía oral. En ocasiones los barbitúricos se pulverizan, disuelven y calientan en un líquido y entonces se inyectan.

Los sedantes-hipnóticos aletargan las funciones del organismo, de ahí su nombre callejero de *aplastadores*; comprenden seis categorías: barbitúricos (con nombres comerciales como Seconal, Nembutal y otros), benzodiazepinas (Valium, Librium y otras), metacualona (Quaalude), etclorovinol (Placidyl), cloral hidratado (Noctec) y el meprobamato (Miltown). Se fabricaron en Estados Unidos por primera vez en 1912 y normalmente se prescribían como sedantes o para dormir, pero su abuso fue muy elevado y se convirtieron en la causa de más de tres mil muertes, accidentales o intencionales, al año. El tranquilizante metacualona se introdujo, en 1965, como medicamento para dormir y gozó, 15 años después, de considerable popularidad entre los jóvenes; pero desde que el gobierno acabó con la producción ilícita nacional y las importaciones, su uso ha disminuido bruscamente desde principios de los ochenta.

Efectos inmediatos

De 20 a 40 minutos después de que un jovencito ingiere los barbitúricos, se siente intoxicado pero con más control de sí mismo que un ebrio, se siente tranquilo y soñador, con una sensación de bienestar general y carente de inhibiciones. El efecto de estas sustancias regularmente dura de cuatro a seis horas; sin embargo, algunas duran más del doble. Aunque a la metacualona se le ha atribuido el mito de ser un afrodisiaco sin igual, no lo es más que un vaso de vino.

Las dosis excesivas pueden causar habla confusa, paso vacilante, letargo, deterioro mental, oscilación rápida e involuntaria de los globos oculares, vista borrosa, sensación de hormigueo en las extremidades y etapas alternadas de euforia y depresión. Un peligro real es que los muchachos sumamente sedados pueden estar tan confundidos que olviden cuánta droga han ingerido y tomen más tabletas, tal vez las suficientes para llegar a una sobredosis; también pueden beber alcohol. Igual que sucede con las anfetaminas, la disponibilidad de sustancias de aspecto similar a los sedantes, aumenta las posibilidades de que ocurra una sobredosis cuando, sin saberlo, introduzcan en su organismo las verdaderas sustancias. Asimismo, causan una disminución de los ritmos respiratorio y cardiaco, así como en la presión sanguínea. De hecho, los sedantes-hipnóticos son depresivos respiratorios tan poderosos que alguien que ingiera demasiados puede, simplemente, dejar de respirar y morir mientras duerme.

Aquellos que se inyectan la droga para un efecto intenso se

arriesgan a que se les formen abscesos en la piel porque, a diferencia de la heroína y las anfetaminas que se disuelven al calentarlas en un líquido, los barbitúricos permanecen espesos y grumosos.

Efectos a largo plazo

El uso regular de barbitúricos —por ejemplo tomar 400 mg, o cuatro píldoras para dormir todos las días, durante menos de un mes— causa dependencia física; también se desarrolla la tolerancia, por lo que al requerir el joven cada vez más droga para alcanzar el mismo grado de alteración de la conciencia, el margen entre la intoxicación y la muerte se estrecha peligrosamente.

El comportamiento se vuelve más impredecible y a veces violento. Cuando el consumo de barbitúricos y metacualona disminuye o se suprime, los chicos sufren una abstinencia aún peor que la de la heroína. Los síntomas incluyen: ansiedad, inquietud, sudor, estremecimientos, náusea, vómito y aumento en el ritmo cardiaco, acompañado por ataques de epilepsia *gravior* (o gran mal) y posiblemente convulsiones muy similares a las del *delirium tremens*.

LSD

Presentación: tabletas llenas de colorido, papel secante y timbres saturados, polvo, cuadros delgados y gelatinosos, líquido claro.

Hay que observar si: las pupilas están dilatadas, hay emociones extremas, nerviosismo y comportamiento errático.

Implementos: frasquitos, pequeñas bolsas de plástico, goteros y botellas con píldoras y líquido.

Formas de consumo: vía oral, escurriéndolo del papel secante, aplicándolo en los ojos (en estado gelatinoso o líquido).

La dietilamida del ácido lisérgico es uno de los diversos alucinógenos, drogas que crean alucinaciones. Se fabrican a partir del ácido lisérgico que se encuentra en un hongo (cornezuelo) del centeno. Este ácido fue sintetizado accidentalmente en 1943 por el químico suizo Albert Hofmann, quien realizaba investigaciones para encontrar la cura de la migraña. Para muchos de los seguidores de esta droga, el error de este científico fue análogo al descubrimiento fortuito de América que hizo Cristóbal Colón.

Efectos inmediatos

El LSD —también llamado *ácido*—, carece de color, olor y sabor, y se consume en dosis promedio de entre 50 y 250 microgramos. Una vez ingerido, transporta al joven, como en una alfombra mágica, a un "viaje" que puede ser vivificante o aterrador, lo cual depende de: la cantidad ingerida, su estado de ánimo, sus expectativas y el ambiente. Los efectos, por lo regular, empiezan a sentirse en 30 a 90 minutos y duran de seis a 12 horas.

Sus manifestaciones físicas son: sudor, pérdida del apetito, dilatación de pupilas, boca seca; se pueden presentar temblores o estremecimientos; la temperatura corporal, el ritmo cardiaco y la presión sanguínea aumentan. Se cree que una dosis tan baja como 10 microgramos puede interferir el envío de mensajes a través de las pequeñas hendiduras entre las células cerebrales, y además de estimularlas, también puede interferir en la eficiencia de la serotonina, que es el trasmisor natural de las terminaciones nerviosas.

El ácido es una droga psicomimética, es decir, produce un estado similar al de una psicosis; las sensaciones son impredecibles, desde rápidos cambios de estado de ánimo, distorsiones del tiempo, hasta *sinestesia* —cuando los sentidos se trasladan a otros sentidos, así los colores pueden "saborearse" y los sonidos ser "vistos"—. Esos síntomas pueden proporcionar un buen "viaje"; pero en uno malo, que suele suceder a los primerizos o a los consumidores ocasionales, las sensaciones de temor, pánico, ansiedad y pérdida del control pueden durar desde varios minutos hasta 12 horas.

Efectos a largo plazo

El LSD no crea adicción, pero puede desarrollarse tolerancia y sus consumidores pueden tener reacciones retrospectivas, es decir, experimentar los efectos de la droga sin haberla consumido; se tienen informes de que estos fenómenos alucinantes pueden presentarse incluso después de dos años de una dosis, con una duración de 10 segundos hasta dos horas. Algunos consumidores empedernidos han presentado síntomas orgánicos de daño cerebral (confusión, cortos intervalos de atención, deterioro en la memoria, dificultades con el pensamiento abstracto), aunque las investigaciones aún no determinan si esto es permanente o no.

PCP

Presentación: líquido, polvo blanco, roca cristalina, tabletas.

Hay que observar si: existe confusión, agitación y extremos en el comportamiento.

Formas de consumo: vía oral, inyectado y fumado en cigarros.

El PCP (fenciclidina, mejor conocida como "polvo de ángel") fue desarrollado en los años cincuentas por Parke-Davis Company como un anestésico humano y animal. Fue retirado del mercado en 1965 debido a que unos estudios mostraron que al utilizarse en humanos, uno de cada seis presentaba psicosis severa durante varias horas; incluso las dosis bajas podían causar síntomas similares a los de la esquizofrenia. Apareció ilegalmente en la calle, por primera vez en 1967, y ha tenido breves intervalos de gran popularidad.

El PCP en polvo es de 50 a 100% puro; en sus otras formas tiene una pureza de entre cinco y el 35%, y el resto está compuesto de contaminantes potencialmente dañinos. Debido a que se puede producir a bajo costo, sustituye con frecuencia a otras drogas sicodélicas similares, como el LSD, el THC, la mezcalina, el peyote y algunas veces la cocaína; de ahí que los consumidores novatos pueden tomar PCP sin saberlo, lo que equivale a que un boxeador reciba un golpe en su lado vulnerable.

Efectos inmediatos

Si se ingiere, los efectos del PCP comienzan en 15 minutos y, si se fuma, en cinco minutos. Sea cual sea la forma de consumo, los efectos duran de cuatro a seis horas y el regreso a la normalidad requiere de 24 a 28 horas. La dosis típica es de entre uno y cinco mg, y es frecuente que se tome en combinación con otras sustancias, incluidas mariguana, anfetaminas, derivados del opio, cocaína y barbitúricos.

El PCP es una droga en extremo peligrosa porque su acción

es tan errática que varía de persona a persona. Así, un joven consumidor puede volverse destructor, aunque nunca haya mostrado tendencias violentas en su vida, o puede volverse retraído por completo e incapaz de comunicarse con los demás. Quienes estén bajo la influencia de la fenciclidina pueden parecer confundidos o tener delirios de fuerza masiva e invulnerabilidad al dolor. En consecuencia, ocasionalmente son víctimas de quemaduras, caídas y accidentes automovilísticos; también pueden ahogarse, o herirse en forma severa sin darse cuenta, hasta que pasa el efecto de la droga.

Los efectos físicos del PCP son imposibles de predecir. En algunas personas actúa como depresivo y en otras como estimulante, pero los síntomas típicos incluyen: lágrimas, carencia de control del cuerpo, sudor, calambres, náusea y algunas veces vómito sanguinolento causado por los contaminantes. Un muchacho que haya ingerido grandes dosis puede sentirse soñoliento, tal vez sufra convulsiones o caiga en coma durante horas y a veces días. También puede presentarse la muerte por insuficiencia respiratoria.

Efectos a largo plazo

Tres o cuatro días después de haber tomado la droga puede venir la psicosis, uno de los trastornos mentales más horribles causados por las drogas, que consiste en depresión extrema, impulsos suicidas, paranoia y violencia que puede persistir durante días, e incluso semanas. A menudo, el tratamiento psiquiátrico es necesario. De acuerdo con el INAD, los consumidores habituales han presentado: habla confusa, problemas con la concentración y la memoria, así como delirios auditivos, voces o sonidos imaginarios, que pueden durar hasta dos años. Otros efectos a largo plazo son: hipertensión extrema, ataques múltiples, hemorragia cerebral, fiebre e insuficiencia renal; la droga produce tolerancia y dependencia psicológica.

Mezcalina, peyote, psilocibina y otros alucinógenos

Presentación: "capullos" duros de color café, tabletas y cápsulas (mezcalina y peyote); hongos color café, enteros, picados o molidos, frescos o secos (psilocibina).

Hay que observar si: se presentan pupilas dilatadas, temblores, carencia de sueño y pérdida del apetito.

Implementos: pequeñas bolsas de plástico y botellas con sustancias.

Formas de consumo: masticado (capullos), deglutido (hongos), vía oral o rectal (mezcalina).

La psilocibina, la mezcalina y el peyote son alucinógenos naturales. Este último proviene de las coronas del cacto del mismo nombre que crece en el suroeste de Estados Unidos y México; durante siglos los indios americanos lo han utilizado en sus ritos religiosos, y es un sacramento legal para los 250 mil miembros de la Iglesia Autóctona de Norteamérica.

El peyote, después de una etapa de náusea y vómito, lleva al joven en un "viaje" similar al del LSD, pero más suave; con espejismos más que alucinaciones; los colores parecen sumamente radiantes, y los sonidos claros y cristalinos.

La mezcalina es el alcaloide psicoactivo que se encuentra en el cacto del peyote, produce de cinco a 12 horas de espejismos y alucinaciones pero sin náusea, aunque quienes la consumen han informado de efectos adversos como ansiedad y depresión. La tolerancia a esta droga se puede desarrollar.

La psilocibina proviene de 20 variedades de hongos silvestres y "mágicos" que se cultivan en Estados Unidos, y que se pulverizan, se remojan en metilalcohol y por lo regular se consumen por vía oral. Los efectos de su "viaje", que dura de dos a seis horas, son similares a los del LSD pero de menor duración.

Otros alucinógenos, como el STP y DMT, son sintéticos; el primero combina las propiedades del LSD y las anfetaminas, lo que hace que el "viaje" que ocasiona sea un arrebato ligero y largo. El DMT por lo regular es un polvo cristalino, incoloro y sin sabor que se puede aspirar, pero que usualmente se calienta con un líquido, o se esparce en el tabaco o la mariguana. Sus efectos solo duran una hora, lo que explica su sobrenombre de "el viaje del hombre de negocios".

Narcóticos

(Excepto heroína y metadona)

Presentación: medicinas líquidas para la tos, cápsulas, tabletas (codeína); cristales blancos, tabletas, líquido (morfina); polvo blanco, tabletas, soluciones (meperidina, o demerol, que es su nombre comercial); barras pegajosas de color café oscuro, polvo (opio); tabletas, cápsulas, líquido (Percodán, Darvón y otros narcóticos).

Hay que observar si: hay bostezos; el chico se rasca constantemente, tiene ojos acuosos, pupilas empequeñecidas, pérdida del apetito, abscesos en la piel, marcas de agujas, usa mangas largas, o si se percibe olor a azufre, producto del uso de cerillos.

Implementos: jeringas, cucharas quemadas, tapas de botellas y otros utensilios para cocinar, brochetas; bolas de algodón, torniquetes, goteros, pequeñas bolsas de plástico y botellas con sustancias, cerillos y encendedores de butano.

Formas de consumo: vía oral, inyectada (codeína); vía oral, inyectada, fumada (morfina); vía oral, inyectada (meperidina); fumado, ingerido, inyectado (opio); vía oral, inyectado (Percodán, Darvón, y otros narcóticos).

El antiguo médico griego Hipócrates observó, en el año 2000 antes de Cristo, que los consumidores de opio tenían gran dificultad para moderar su hábito y, de hecho, hasta el reciente surgimiento del *crack*, los derivados del opio fueron las drogas que más adicción producían. Asimismo, estaban entre los analgésicos más efectivos y se utilizaban para controlar la diarrea y acabar con la tos.

Los narcóticos se hacen de opio, el producto natural de la planta de la amapola; pueden ser semisintéticos (Dilaudid), o sintéticos como el China Blanco, que es sumamente potente, y la metadona que se utiliza en tratamientos y se describe con más detalle en el Capítulo Siete. Hasta 1914, cuando se le empezó a considerar ilegal, el opio podía adquirirse en tiendas de abarrotes, ordenarse por correo y por prescripción médica; también se encontraba en muchas medicinas de patente; así, hombres, mujeres y niños —incluso infantes— se hicieron adictos sin saberlo.

Efectos inmediatos

Los narcóticos producen un estado de euforia que se caracteriza por fantasías, apatía y aislamiento. Los consumidores, más que placer verdadero, sienten alivio para la ansiedad. Es probable que se vuelvan inquietos, padezcan náuseas y vómito, y después estén soñolientos, que pierdan y recuperen la conciencia o "den cabezadas". Las víctimas de una sobredosis pueden caer en letargo o coma, debido a que su temperatura, respiración y presión sanguínea descienden con rapidez y, al igual que las víctimas de una sobredosis de barbitúricos, algunas veces su respiración simplemente se detiene.

Efectos a largo plazo

Después de alrededor de un mes de consumo considerable, o de 10 días de consumo diario, los narcóticos pueden causar dependencia física. Entonces, los adictos continúan tomándolos para evitar los efectos colaterales desagradables, y entran en el síndrome de abstinencia después de cuatro o seis horas de haber tomado la última dosis, si se les priva de las sustancias. Los síntomas de la abstinencia son: inquietud, diarrea, calambres, temblores, sudor, escalofríos, náusea, cuerpo dolorido, ojos llorosos, escurrimientos nasales y "carne de gallina"; de ahí el nombre vulgar de *pavo muerto* con que se designa esta etapa.

La duración y la intensidad del síndrome de abstinencia dependen del tipo de droga que se haya ingerido, pero por lo regular la agonía del adicto alcanza su punto máximo en dos o tres días. Después los síntomas disminuyen a lo largo de varios días y a veces en una semana; sin embargo, el INAD sostiene que la carencia de sueño y el deseo vehemente por la droga, persisten durante meses, lo mismo que la desesperanza, la depresión y la falta de autoestima. La abstinencia de los narcóticos sintéticos Dilaudid y metadona es aún peor que la de la heroína.

Otros peligros a largo plazo se deben al uso de agujas, y son: infecciones; hemorragia en las válvulas y en el revestimiento interno del corazón; abscesos en la piel; congestión pulmonar; hepatitis; tétanos; enfermedades hepáticas y sida.

Heroína

Presentación: polvo de color blanco a café claro, sustancia parecida al alquitrán.

Hay que observar si: hay bostezos y/o cabeceos; el sujeto se rasca o aspira por la nariz constantemente; tiene ojos llorosos, pupilas pequeñas, polvo en la nariz o alrededor de ella; pérdida de apetito; abscesos en la piel y marcas de agujas; usa mangas largas; hay en su alrededor olor sulfuroso de cerillos encendidos.

Implementos: jeringas, cucharas quemadas, tapas de botellas y otros utensilios de cocina; navajas para rasurar con bordes rectos; bolas de algodón; torniquetes; goteros; pequeñas bolsas de plástico, sobres de papel celofán, botellas y paquetes de papel aluminio; billetes enrollados y popotes para inhalar; pipas; cerillos y encendedores.

Formas de consumo: la cáscara de amapola se mezcla con agua, se calienta y se inyecta en el músculo, o directamente en la vena. Se puede inhalar, fumar o tomar por vía oral.

La compañía alemana Bayer cometió un serio error cuando, en 1898, introdujo la heroína como un medicamento, contra la tos, que supuestamente no causaba adicción; poco después que se descubrió el grado de adicción que puede crear, se promulgó, en 1914, un reglamento al respecto, y 10 años después fue prohibida por completo.

Efectos inmediatos

La heroína constituye el 90% del abuso de derivados del opio en Estados Unidos, y produce el absoluto y máximo efecto. Eso es exactamente: *lo* máximo y, por absurdo que pueda parecer, quienes abusan del consumo de heroína son "lo máximo", también, para quienes abusan del consumo de otras sustancias. Esto se debe a que cuando una persona está atrapada en el pantano de las drogas, entra en un mundo de valores corruptos, en el cual el orden social está al revés. Los narcómanos son la aristocracia, son valientes rodeados de romanticismo, que desean tanto los efectos extraordinarios de la droga que, a sabiendas, se arriesgan a morir cada vez que introducen el veneno en su cuerpo.

Se ha calculado que, en la actualidad, hay un millón de consumidores cotidianos de heroína en Estados Unidos, pero creo que esa cifra se elevará una vez que los consumidores de cocaína se cansen de ella y aspiren a emociones más intensas. Aquellos que se inyectan en la vena, al principio sienten una oleada de náusea. Entonces, al llegar la droga al cerebro, sienten que los envuelve un arrebato cálido, acompañado de comezón causada por las sustancias con que se adultera la droga, generalmente quinina —un alcaloide amargo que a menudo se utiliza en medicina— o lactosa. La mayor parte de la heroína tiene una pureza de entre el tres y el cinco por ciento —cuando mucho del 20%—, y algunas veces sus adulterantes son toxinas.

Los efectos de la heroína duran de tres a seis horas y se distinguen por brindar una sensación de calma y bienestar. El narcómano, entre cabeceos, puede estar balbuceando sin parar, sus pupilas se contraen sensiblemente y su respiración se vuelve somera y esporádica.

Efectos a largo plazo

Una vez creada la adicción física, los consumidores ya no tienen esa sensación de arrebato, pero siguen inyectándose desesperadamente para evitar los síntomas de la abstinencia, que son similares a los de otros derivados del opio. Obtener heroína llega a convertirse en una pasión absorbente, por eso los adictos no escatiman esfuerzos para adquirirla. Su precio promedio es de 25 dólares por una dosis de 20 mg, así que pronto se les agota el dinero. Pocos narcómanos pueden conservar un empleo, lo que con frecuencia los lleva a incurrir en el delito. La heroína, además, disminuye el deseo sexual, provoca cambios en el estado de ánimo y letargo.

Las convulsiones, el coma y la muerte se pueden presentar a causa de las impurezas de la droga, las agujas contaminadas y las dosis excesivas. Estas últimas son muy probables en el caso de los adictos cuya tolerancia cada vez mayor los induce a aumentar la dosis inicial. Recientemente se han recibido informes de muertes causadas por el alquitrán negro, una forma muy poderosa y poco costosa de heroína, que se introduce de contrabando desde México. Las autoridades consideran que es alrededor de 40 veces más pura que el polvo convencional.

Muchos adictos a la heroína caen en la adicción psicológica por el ritual de inyectarse la droga, tanto como en la adicción física. Dicen encontrar fascinante, *excitante*, introducir la aguja en la vena, retirarla y ver cómo su propia sangre llena la jeringa. Los consumidores veteranos finalmente acaban con las venas de sus brazos y piernas, así que no tienen más alternativa que introducirse la aguja en la ingle, el cuello, entre los dedos del pie, o en cualquier lugar donde les sea posible aún encontrar una vena en buenas condiciones. Algunos recurren al uso de ungüentos o pomadas —entre ellas de cacao— para ayudar a la cicatrización de las marcas provocadas por la aguja. Incluso llegan a utilizar maquillajes para cubrirlas.

Drogas sintéticas

(Éxtasis, Eve)

Presentación: polvo blanco o blanco grisáceo, tabletas y cápsulas.

Hay que observar si: los dientes están apretados, hay falta de sueño y tensión muscular.

Implementos: jeringas, torniquetes, billetes enrollados y popotes para inhalar, pequeñas bolsas de plástico y botellas pequeñas.

Formas de consumo: por vía oral, inyectado e inhalado.

Para evadir las restricciones legales, los químicos clandestinos han aprendido a alterar la estructura molecular de ciertas sustancias prohibidas y crean compuestos sintéticos. Se ha especulado si el temor a contraer sida por medio de agujas contaminadas es la raíz de estos experimentos.

El compuesto sintético más conocido es el MDA y sus parientes cercanos: el MDMA, el MMDA (Éxtasis), y el MDEA (Eve), todos análogos a las anfetaminas y metanfetaminas.

El Eve salió a la calle para sustituir al Éxtasis después de que, en 1985, fue declarado en Estados Unidos como sustancia controlada por la Administración de Ejecución contra las Drogas (AED).

Efectos inmediatos

Los primeros entusiastas del Éxtasis lo llamaron la droga perfecta, debido al pretendido arrebato vigorizante que causa, por la forma en que brinda sentimientos de calidez y confianza, y porque parece intensificar el pensamiento; sin embargo, olvidaron mencionar las reacciones adversas, como confusión, depresión, inquietud, ansiedad, náusea y desmayos. Los chicos que la consumen padecen aumento en el ritmo cardiaco y la presión sanguínea, escalofríos, sudor y vista borrosa.

Efectos a largo plazo

Se considera que el Éxtasis puede causar daño cerebral permanente. Además, el *Journal of the American Medical Association* publicó en marzo de 1987, que cinco muertes acaecidas en Texas estaban relacionadas con el Éxtasis y el Eve, mientras que, de acuerdo con Cocaine Hotline, se han reportado casos de sobredosis en las salas de emergencia de los hospitales. Otro factor que aumenta el peligro que implican estas drogas es la práctica común, entre los traficantes, de vender otras drogas —por ejemplo LSD y PCP— como Éxtasis, o bien la combinación con otras sustancias.

Se sabe poco acerca de estas drogas sintéticas, pero por lo que se ha descubierto acerca de otras que se creía eran inofensivas, se debe alertar a los chicos para que las eviten. Recuérdeles a sus hijos que todas las sustancias que ahora son ilegales —mariguana, cocaína, PCP, heroína— se consideraron seguras en otra época.

Cómo actuar en una emergencia

Una sobredosis, reacciones inesperadas a una píldora, o los síntomas de abstinencia *son* emergencias causadas por las drogas, que amenazan la vida y requieren atención médica inmediata. Saber qué hacer, permanecer calmado y actuar con rapidez, son dos factores que pueden salvar una vida —tal vez la de su hijo—. Todos estamos conscientes de que en casos como éstos nadie debe permanecer con los brazos cruzados.

Reglas generales para cualquier emergencia causada por drogas

No dude en llamar por teléfono para pedir ayuda: si donde usted vive hay un número especial para emergencias, llame y describa la situación. Esté preparado para dar los siguientes datos: ubicación; qué y cuánto se ingirió; condiciones de la víctima, su edad y peso; padecimientos crónicos (como diabetes, epilepsia e hipertensión) y, en su caso, qué medicinas toma con regularidad.

Nunca utilice una segunda droga: no le dé ningún estimulante, ni siquiera café, a una víctima de sobredosis, aunque parezca extremadamente cansada. La combinación puede ser más peligrosa que la sobredosis original.

Suponga lo peor: aunque no esté seguro de que un joven es víctima de una sobredosis o del síndrome de abstinencia, dé por hecho que así es y consiga ayuda médica de inmediato.

No tema prestar ayuda: no será arrestado, ni castigado, por intentar ayudar durante lo que usted considere una emergencia verdadera. Es mejor disculparse después —si llevó al hospital a un muchacho que no lo necesitaba— que arriesgarse a dejarlo sufrir o morir. Incluso si el chico piensa que no necesita ayuda, o no la desea, solicítela si usted la considera necesaria.

No intente obligar a un chico en estado inconsciente a beber o comer. Si lo hace, podría asfixiarse. Los terapeutas aconsejan que en este caso mejor se deje en reposo.

Si la víctima está consciente

Pregunte a la víctima si su problema es por una sobredosis, o si sufre los síntomas de la abstinencia: si tiene alguna duda al respecto, proceda como si se tratara de una sobredosis; pero si está plenamente seguro de que se trata de síntomas de la abstinencia —*solo* si está seguro por completo—, lleve de inmediato a la víctima al hospital.

Pida ayuda por teléfono enseguida: llame al número de emergencias, al hospital o al médico. Dígales, si lo sabe, de qué droga se trata, y describa los síntomas lo mejor que pueda (mareos, respiración lenta o rápida, pupilas pequeñas, debilidad general, etcétera), y siga las instrucciones que reciba.

Provoque el vómito: aunque, en general, en casos de envenenamiento no se debe provocar el vómito (porque algunos venenos, como la lejía, pueden ser más perjudiciales si se vomitan), las sobredosis de la mayoría de los medicamentos se tratan mejor si se obliga al chico a que vacíe su estómago.

El vómito se puede provocar haciendo que la víctima ingiera una cucharada de jarabe de ipecacuana, en el caso de un adulto joven (y una cucharadita si se trata de un niño pequeño), seguida de dos o tres vasos de agua (un vaso, para un niño). Si el vómito no se presenta en un lapso de 15 minutos, repita la dosis. Este jarabe se puede conseguir en la mayoría de las farmacias y a menudo está incluido en los botiquines de primeros auxilios.

A veces, el vómito también se puede inducir así: coloque a la víctima boca abajo, sobre sus piernas —como si fuera a darle una tunda—, y hágale cosquillas en la parte posterior de la garganta; para ello utilice una cuchara o un utensilio similar. Si utiliza el dedo tenga cuidado, puesto que la víctima puede darle una mordida dolorosa en el momento del vómito.

No obligue a la víctima a que ingiera mostaza en polvo o

grandes cantidades de sal de mesa, pues estos métodos en realidad no funcionan y el exceso de sal puede empeorar las condiciones del sujeto.

Administre un antídoto: el carbón activado es la única sustancia segura que se puede utilizar como antídoto contra la sobredosis. Al ingerirlo absorbe parte de la droga que queda en el estómago después del vómito, aunque es molesto comerlo pues mancha de negro las encías y la boca, es de sabor amargo y se siente arenoso; para hacerlo más agradable al paladar, puede mezclarse con un poco de cocoa, o con agua en un vaso de color oscuro para que su aspecto no sea tan desagradable.

Vuelva a pedir ayuda por teléfono, si ésta no ha llegado.

Háblele al chico para tranquilizarlo, eso ayuda a que permanezca consciente y disminuyan sus temores: déle tanto apoyo emocional como sea posible y no deje que pierda el "contacto con la realidad". Dígale el nombre de usted una y otra vez para que sepa con quién está, y que comprenda que usted trata de ayudarlo. Mantenga el contacto visual, abrace al jovencito ocasionalmente y repítale que va a estar bien. Téngalo al tanto de lo que sucede a su alrededor, dígale por ejemplo: "La ambulancia va a llegar en cualquier momento", "Los vecinos están esperando afuera para traer al doctor"...

Si la ayuda no llega y tiene motivos poderosos para pensar que no llegará pronto: lleve a la víctima al hospital más cercano, en auto, taxi o cualquier otro medio que consiga, pero hágalo rápidamente.

Si la víctima está inconsciente o tiene convulsiones

No haga que el chico vomite: una persona que esté inconsciente se puede asfixiar con su propio vómito, con algún líquido o con cualquier alimento que en ese estado se le obligue a ingerir.

Cerciórese de si la víctima está respirando: escuche cerca de la nariz, la boca y el pecho. Si no advierte ningún sonido y no ve ningún movimiento en el pecho, es probable que haya dejado de respirar, en cuyo caso la piel se pone de color azul (empezando por las uñas de los dedos de pies y manos). Esto también es síntoma de que la respiración ha disminuido en forma severa.

Si el chico aún respira, pida ayuda de inmediato.

Si no lo hace, aplíquele respiración de boca a boca: hacer esto es más fácil de lo que se imagina, acueste a la víctima boca arriba, ábrale la boca para asegurarse de que no hay obstrucciones visibles, jálele la lengua hacia afuera si está obstruyendo la garganta. Coloque la cabeza de la víctima de manera que su mandíbula se proyecte hacia afuera, para ayudar a que penetre el aire. Con una mano apriétele la nariz y con la otra sostenga su mandíbula con firmeza, manteniendo abierta la boca de la víctima. Tome aire y presione sus labios contra los del sujeto, impulse el aire hacia sus pulmones como si inflara un globo. Si hay demasiada resistencia y el pecho no se expande, revise de nuevo la boca, para ver si no hay obstrucciones.

Si está usted solo, continúe con la respiración de boca a boca durante un mínimo de 10 minutos antes de llamar para pedir ayuda, o hasta que la víctima empiece a respirar por sí misma.

No suspenda la respiración de boca a boca por más de unos cuantos segundos, mientras pide ayuda por teléfono. De ser posible, acerque la víctima al aparato para poder pedir ayuda y describir la emergencia durante los intervalos entre cada aplicación de la respiración. Si es posible, haga que alguien llame para pedir ayuda mientras usted continúa aplicando la respiración boca a boca. No se detenga hasta que llegue la ayuda, esté demasiado cansado para continuar, o hasta que alguien lo sustituya.

Si se presentan convulsiones (espasmos musculares en todo el cuerpo, o súbita rigidez muscular): acueste a la víctima sobre su estómago y gire su cabeza hacia un lado para evitar que inhale cualquier cosa que pueda vomitar. Manténgala arropada con una manta y aleje cualquier cosa que pueda tirar o lastimarla durante los espasmos severos.

Llame nuevamente por teléfono, si la ayuda no ha llegado.

Si la ayuda no llega y usted tiene motivos poderosos para pensar que no va a llegar pronto: lleve a la víctima al hospital más cercano, en taxi, auto o cualquier otro medio que consiga. Durante el trayecto trate de mantener al chico boca abajo para disminuir las posibilidades de asfixia.

Cómo puede ayudar al personal médico

Investigue qué tipo de droga causó la emergencia, ya sean barbitúricos, anfetaminas, tranquilizantes, narcóticos o alguna otra sustancia: esto puede ser de vital importancia cuando el médico decida cuál es el tratamiento adecuado para la emergencia. De ser posible, trate de encontrar una muestra de la droga, o el frasco vacío de píldoras; llévelo a la sala de emergencias, entréguelo a los paramédicos de la ambulancia.

¿Era legítima la droga? Intente saber si la droga se compró en una farmacia o si se adquirió en la calle, ya que suele haber una gran diferencia entre las drogas legítimas y las de la calle, y esto puede ser importante para que el médico elija el tratamiento adecuado.

¿Qué otra cosa ingirió con la droga? Si sabe si la droga se utilizó junto con otra sustancia, dígaselo al personal médico.

¿Qué cantidad se utilizó? Trate de determinar cuánta droga se consumió y el tiempo transcurrido desde entonces.

¿Cuáles son los antecedentes de consumo de drogas de la víctima? Esto puede ser de suma importancia para que el médico evalúe el grado de tolerancia del muchacho a la droga involucrada en la emergencia, así como para saber durante cuánto tiempo la víctima ha estado utilizando una droga específica, y en qué cantidades.

Estar preparado

Todos los hogares deberían estar preparados para una emergencia causada por drogas. Ahora es el momento, antes de que se presente la crisis, de hacer lo siguiente:

- Escriba el número del teléfono de emergencias y consérvelo cerca del aparato.
- Vea qué hospital es el más cercano y piense cómo puede llegar ahí rápidamente en una emergencia.
- Compre una botella de jarabe de ipecacuana y asegúrese de entender su correcta aplicación. Guárdelo donde pueda encontrarlo con rapidez.
- Aprenda a dar respiración de boca a boca y practíquela con su cónyuge o con un amigo.
- Nunca quite las etiquetas a los frascos de píldoras, porque pueden brindar información valiosa en caso de emergencia.

Puntos clave sobre este capítulo

- Evidencias físicas del abuso de sustancias:
    1. Paquetes de "papel arroz".
    2. Pipas de agua.

3. Sujetadores o pinzas para las colillas de los cigarros de mariguana.
4. Pipas convencionales de madera, metal, plástico o papel.
5. Jeringas.
6. Cucharillas.
7. Pequeñas bolsas de plástico, bolsitas, bolsas pequeñas que cierren a presión, sobres de celofán, tiras de papel aluminio, botellas pequeñas, cajas y frasquitos.
8. Básculas de mesa.
9. Navajas de rasurar.
10. Utensilios para cocinar —como cucharas y tapas de botellas, ambas con el fondo ennegrecido.
11. Trozos de algodón ensangrentados.
12. Goteros.
13. Botellas de alcohol para hacer fricciones.
14. Cerillos y encendedores de butano.
15. Quemaduras en la ropa y los muebles, resultado del contacto con los cigarrillos y las semillas calientes de mariguana.

• Haga un inventario cuidadoso del alcohol que tenga en casa y de las drogas recetadas por el médico. Marque con un crayón los niveles de las botellas de licor, y cuente las píldoras de los frascos. Ponga bajo llave tanto los medicamentos como las botellas de licor.

• Reconozca los olores dulces de la mariguana y el hachís. El olor acre de los utensilios quemados. El olor picante del azufre de los cerillos utilizados. El del incienso y los desodorantes ambientales que se emplean para ocultar el olor del alcohol y el humo. Así como el aroma del enjuague bucal en el aliento de su hijo, para enmascarar los del alcohol, la mariguana y el hachís.

• Evidencias, en el comportamiento, del abuso de sustancias:

1. Pasar mucho tiempo en el baño.
2. Disponibilidad de dinero, repentina e inexplicable.
3. Comportamiento reservado.
4. Cambio de amigos y lugares de reunión.
5. Cambios impredecibles en el estado de ánimo.
6. Actitud irresponsable en casa y en la escuela.
7. Preocupación por las drogas y por todo lo relacionado con ellas.
8. Deterioro de la salud y la apariencia.
9. Pérdida de ambiciones.

• Siempre que un jovencito en la edad de vulnerabilidad a las drogas tenga un comportamiento peculiar, o simplemente no parezca ser "el mismo", anote el incidente, qué lo provocó y la fecha. Si algo raro vuelve a suceder, por lo menos estará seguro de que no se trata de fantasías.

Capítulo 6

Enfrentar al chico que abusa del alcohol o las drogas

Exasperado, usted está de pie en el cuarto de su hijo. Con anterioridad le había recordado que guardara su ropa limpia antes de irse con sus amigos; pero ahí está, intacta, sobre la cama. Toma varias camisas y, al guardarlas en un cajón de la cómoda, palpa algo frío y metálico. Lo saca: es una pipa completamente diferente a las que usted conoce. Busca en el fondo del cajón y saca una pequeña bolsa de plástico con mariguana, y un frasquito de cristal con píldoras de colores brillantes. Se deja caer en la cama, incrédulo, con la cabeza entre las manos. Su hijo consume drogas.

Voy a decirle lo que tiene que hacer. Sin embargo, primero le diré lo que *no* debe hacer y cómo evitar los errores que los padres, por lo regular, cometen cuando se enfrentan a esa situación perturbadora y angustiosa.

No niegue lo que es obvio: he aquí la clásica reacción inicial al descubrir alguna sustancia, o los implementos concernientes a su consumo: "No pueden ser de él, deben ser de otra persona". Es posible pero no probable. Las posibilidades de que un joven se asocie con quienes consumen drogas —e incluso les guarde las sustancias ilícitas— pero que él mismo no las consuma, son escasas.

El abuso y la adicción son males que ni el bebedor, ni el adicto, *ni* sus familias reconocen. Los padres a menudo cierran los ojos ante la crisis porque tienen miedo de no saber qué hacer, o cómo intervenir. Consideran que, tal vez, si ignoran el problema, desaparecerá; pero no es así. Piensan: "Mi hijo ha sido un buen muchacho toda su vida, no puedo creer que consuma drogas", y no lo creen. Tal vez su hijo o su hija sean buenos chicos, pero aun los buenos llegan a consumir drogas. La cuestión no es si su hijo es bueno o malo, sino que consume drogas y usted tiene que ayudarlo.

Michael, un adolescente que era adicto, se ríe con frialdad al recordar que "constantemente dejaba huellas de mi hábito, como una cuchara sucia en la cómoda o una jeringa bajo la cama. Sabía que mi madre las encontraría porque es una fanática de la limpieza, y así fue. Durante meses solo las tiraba, sin decirme nada. Claro que lo hacía por amor. No podía aceptar que yo me inyectara."

No sea permisivo: este término se utiliza para designar a alguien como la madre de Michael, que, consciente o inconscientemente, apoya el comportamiento erróneo de quien consume drogas.

Cómo evadir la permisividad

Una es negociar con quien abusa de las drogas para que deje de hacerlo. Por ejemplo, decirle: "Si dejas de consumir drogas/ alcohol, te compraremos el auto/la guitarra que has estado pidiendo"; pero hará bien si no celebra ningún trato con un muchacho que consume drogas, porque cuando el joven viole el acuerdo, ambas partes se sentirán más desilusionadas y desanimadas que antes.

Quienes consumen drogas son excelentes manipuladores, confunden la amabilidad de los otros con debilidad, y explotarán los sentimientos de culpa que cualquier padre pudiera sentir por haber sido negligente de algún modo. Aquellos que abusan de las drogas, sin necesidad de decirlo, expresan: "Si me hubieras prestado más atención, si en realidad me quisieras, yo no sería así".

Otra manera de ser permisivo es evitar que quien abusa de las drogas asuma las responsabilidades por sí mismo, para finalmente sancionar su mal comportamiento. Veamos un ejemplo: un joven estrella el auto de la familia durante una parranda, entonces sus padres corren a la estación de policía para rescatarlo y pagar los daños; pero varias semanas después ya anda deambulando de nuevo por la ciudad. ¿Dónde está la motivación para que cambie, si sabe que sus padres lo sacarán de sus problemas? En el Capítulo Tres subrayé la importancia de enseñar a los chicos a asumir las responsabilidades de sus actos, y en este momento es crucial que usted lo aplique. Deje la responsabilidad a quien le corresponde: al que abusa de las drogas.

No señale culpables al azar: los padres que luchan contra el problema de adicción de un joven, a menudo son presa del pánico. Frustrados, buscan respuestas desesperadamente y, ansiosos de culpar a alguien, responsabilizan a su cónyuge —en cuyo caso los hijos llevan la peor parte— o a las "malas influencias", como los amigos y las salidas constantes. No importa quién sea el chivo expiatorio, culpar a los demás solo da como resultado que los miembros de la familia se vuelvan unos contra otros en un momento en que necesitan apoyo mutuo, además de malgastar un tiempo precioso al negarse a admitir que, después de todo, si su hijo bebe o se droga es *por su propia voluntad*.

Puede ser difícil de aceptar. Yo he trabajado con chicos cuyos padres trataban de solucionar el problema cambiándolos de una escuela a otra, o se iban a vivir a otra ciudad cuando sus hijos abandonaban los estudios por incapacidad —o eran expulsados.

Los muchachos pueden estar mal influenciados por un ambiente escaso en valores morales, pero el solo cambio a un ambiente más saludable, raras veces los rehabilita. Una vez que un chico se ha involucrado con las drogas, la motivación para consumir drogas o alcohol es más interna que externa, ya que las experiencias previas han reforzado en su mente la idea de que las drogas facilitan la aceptación de los compañeros, combaten el aburrimiento y lo hacen sentirse mayor —las razones que se mencionaron en el Capítulo Tres—. No importa dónde se establezca su familia, los jóvenes consumidores de drogas siempre encontrarán a otros como ellos.

Tampoco deben culparse los padres, pues es una carga innecesaria. ¿Cometieron errores al educar a su hijo? Desde luego, como cualquier padre de familia, incluidos aquellos cuyos hijos por fortuna no tienen nada que ver con las drogas.

No se engañen ustedes mismos pensando que la solución al problema es sencilla y *que no causará dolor*: poco después de que acepté que era un adicto a la heroína, por insistencia de mis padres fui a ver a un psiquiatra, lo que los hizo sentirse sumamente aliviados.

Pero mi dependencia de las sustancias no se iba a resolver con una sola sesión psiquiátrica, o una plática sincera con mi padre. Mis padres, que se habían negado a reconocer la mera existencia del problema durante tanto tiempo, ahora se negaban a aceptar lo grave que era, así como el hecho de que la rehabilitación sería un proceso largo y, a menudo, abrumador.

Cómo abordar el tema con su hijo

Es de suma importancia que usted no se precipite. Antes de tocar el tema con su hijo, hable con su cónyuge acerca de la crisis y la estrategia por seguir, ya que la unión es vital.

Pregúntense ustedes mismos cuánto tiempo lleva su hijo siendo adicto, pues es la primera consideración para determinar si se necesita o no atención profesional. La respuesta es más fácil de lo que ustedes creen. Una vez que acepten que su hijo consume drogas o alcohol, podrán recordar esas observaciones e incidentes —de aparente inocencia—, que ahora se acoplan en el rompecabezas: los nuevos amigos con quienes se reunía —de hecho, durante toda la noche—, un cambio que en el momento ustedes atribuyeron al carácter efímero de las amistades juveniles; el descenso en las calificaciones, debido —según él— a la incompetencia de maestros que "estaban en contra suya"; la actitud defensiva que tomaba cuando se tocaba el tema de las drogas o de sus amigos. Consulte la lista de indicios que señalan la existencia del abuso de drogas, en el Capítulo Cinco.

Si no se sienten seguros de poder reunir las evidencias, pidan asesoría en algún centro de rehabilitación, donde los ayudarán a evaluar la gravedad del problema y les darán valiosas referencias. No obstante, será difícil que les den un diagnóstico definitivo por teléfono, así que les sugerirán que lleven al muchacho para evaluarlo.

No les recomiendo que acudan a los consejeros tradicionales, como el médico de la familia o un sacerdote, porque aunque los médicos pueden identificar de inmediato los síntomas físicos del abuso de drogas, no todos están familiarizados con el comportamiento inherente al problema. Por otro lado, un ministro, un sacerdote o un rabino podrán brindar palabras de consuelo, pero pocos están bien informados acerca de la materia.

Esperen un día o dos antes de enfrentar a su hijo, dénse tiempo suficiente para leer este capítulo con atención, para ensayar qué decir y cómo decirlo, y superar el impacto inicial, el desaliento, la indignación, la vejación, el resentimiento y el sinfín de emociones que pueden sentir. Algunas veces las madres y los padres reaccionan de modo diferente al descubrir que su hijo consume sustancias: uno muestra gran preocupación y el otro hace a un lado el asunto, como si se tratara de una etapa más de la adolescencia. La actitud que van a tomar es algo que deben comentar entre sí, antes de hablar con su hijo. Considero que siempre es mejor prevenir que lamentar cuando lo que está en juego es de tal importancia. Así que confíen en su intuición. Si presienten que algo anda mal con su hijo, tal vez tengan razón.

Elijan un momento —de preferencia un fin de semana por la tarde—, en el que las interrupciones sean mínimas. Descuelguen el teléfono y, si es posible, manden a sus otros hijos al cine, pues hablar con su hijo acerca de sus sospechas es bastante agotador —para ambas partes—, incluso sin interrupciones. Evite acorralarlo de manera inmediata, el chico al darse cuenta de la intención de enfrentarlo, se pondrá a la defensiva. Siga el curso de la tarde como cualquier otra, usted encontrará el momento ideal. En caso de que su hijo no esté en su juicio, espere a tener otra oportunidad.

Haga lo posible por tener sus emociones bajo control. La confrontación no tiene que ser con el fin de castigar, es una misión para tratar de descubrir los hechos.

Lo que no deben hacer

No acusen antes de tener todas las pruebas ("¡Sabemos que te drogas!"). Un chico inocente al que se acusa injustamente, puede decidir hacer aquello por lo cual se le acusa. ¿Por qué cumplir una condena sin haber cometido el crimen?

No se enojen ni lo menosprecien ("Si te vuelvo a encontrar fumando mariguana te voy a dar una bofetada", o "¿Qué te pasa, acaso eres un estúpido?"). Con esto, usted lo empuja hacia los amigos que consumen drogas, y le da una justificación para seguir drogándose ("De todas maneras, a nadie le importó"). Cuando se ridiculiza a un chico, se le hace sentir como si fuera un irresponsable y se le autoriza, inadvertidamente, a que continúe así.

No lo agobien con la culpa ("Vas a hacer que le dé un infarto a tu padre"). Quienes beben o consumen drogas están abrumados por el remordimiento y por un sentimiento de menosprecio hacia sí mismos, y su manera de enfrentar la aflicción que han causado, es intoxicarse de nuevo.

No le digan: "¿Cómo pudiste hacernos esto?". De este modo solo conseguirán fortalecer lo que quizá ya piense: que ustedes se preocupan más por ustedes mismos y por su reputación, que por el bienestar del muchacho.

Hablen con calma, compasivamente y en sus propias palabras, pero de acuerdo con la edad del chico. Por ejemplo, podrían empezar así: "Queremos hablar contigo de un problema que pensamos que nos concierne a todos, y que tenemos que solucionar juntos". En efecto, el problema no es solamente de él, sino de *toda la familia*, ya que el abuso de las drogas es, de hecho, una crisis familiar que requiere la cooperación de todos. Luego podrían continuar diciendo: "Hemos notado que últimamente has cambiado en algunos aspectos" (y menciónenlos).

"Nosotros te queremos y tenemos la sensación de que hay algo que te procupa. Entendemos que hay cosas que quieres mantener en privado, eso está bien, pero pensamos que este problema es demasiado grande para que lo enfrentes solo." Exprésenle su preocupación, no solo por su probable involucración con las drogas, sino por otras cosas que pudieran molestarle. Háganle preguntas como: "¿Sabes a lo que nos referimos?". Algunos muchachos dirán la verdad atropelladamente en ese momento; pero la mayoría no lo hará.

Algunas respuestas posibles

Su hijo puede tomar una actitud defensiva: niega todo al respecto y trata de invertir los papeles al fingirse ofendido ante la sospecha paterna de que consume drogas o alcohol.

Puede fingir inocencia, mirarles a los ojos y decir: "Nunca he probado drogas". Y si admite que las consume esporádicamente, le restará importancia: "No se preocupen, no hay problema. Además, de todas formas ya iba a dejarlas." Esta es una respuesta que, expresada con tanta sinceridad, algunos padres están ansiosos de aceptar. Así terminan con la discusión y hacen que el chico avance sin dificultad en el camino destructivo de las drogas.

No todas las promesas de rehabilitación se dejan de cumplir. Algunos muchachos en realidad quieren hacerlo; pero deben estar verdaderamente convencidos para poder hacerlo sin ayuda profesional.

El chico se puede volver hostil y salir de la casa diciendo: "No tengo por qué oír esto". Asegúrenle que sí tiene que oírlo y que la conversación continuará al día siguiente y, si es necesario, también al siguiente, "hasta llegar a la verdad". Hagan que un joven hostil comprenda sin lugar a dudas que ustedes hablan en serio.

También puede actuar con sarcasmo y llamarles hipócritas en forma despectiva: "¿Por qué tú sí puedes beber y yo no?". La respuesta es simple: "Eres menor de edad. En tu caso consumir drogas o alcohol es ilícito, y mientras vivas aquí no toleraremos ninguna de las dos cosas, bajo ninguna circunstancia." También, los muchachos pueden tildarlos de ignorantes ("No saben de lo que están hablando"), para después subrayar la importancia de que revisen sus evidencias. No se dejen sorprender por éstas y otras tácticas.

Un principio básico: esperen oír una serie de mentiras, ya que los chicos que consumen sustancias son artistas del engaño que dirán cualquier cosa para que ustedes los dejen en paz. Cuanto más tiempo pueda eludir un muchacho a sus padres, en lo referente a su problema con las drogas, más listo se sentirá y les dirá más mentiras.

Si ustedes no notan ningún progreso en las primeras etapas de la confrontación, tomen un respiro, cálmense y prueben más tarde con un tono firme de voz: "No estamos de acuerdo contigo en que no hay ningún problema. Tus calificaciones han bajado, frecuentas un tipo diferente de amigos y pareces ausente la mayor parte del tiempo —como si estuvieras ebrio o drogado."

Si ustedes han tenido experiencias con las drogas, menciónenlas para vencer su resistencia: "No somos tontos, sabemos cómo se siente y qué aspecto tiene una persona drogada. Estamos seguros de que te estás haciendo daño con las drogas. Ahora bien, ¿qué te parece si eres honesto con nosotros para que podamos ayudar a que te ayudes a ti mismo?" ¿Cuál será la respuesta del muchacho? Quizá mostrará más rechazo, en cuyo caso abrevien la plática. El padre, con el cual el chico se sienta más allegado, podría sugerir que la conversación continuara al día siguiente, tal vez a la hora de la comida. Una variante del método interrogatorio que alterna suavidad y rudeza, puede ser eficaz para ganarse la confianza del muchacho y obtener su confesión.

Otra técnica es enfrentarlo con las pruebas físicas: "Si, como dices, no consumes drogas, no tendrás inconveniente en que busquemos en tu cuarto. No a tus espaldas, sino delante de ti." Enfrentar al joven con la evidencia no le dejará otra alternativa que evitar el tema en cuestión y culparlo a usted, diciendo: "¿Estuviste husmeando en mis cajones? ¡No lo puedo creer! ¿Cómo pudiste hacer algo así?" Déle, entonces, la opción de que se enmiende: "Puedes traer aquí las drogas y todo lo necesario para su consumo, o puedes ir con nosotros a tu cuarto para ver qué podemos encontrar".

Aunque finalmente acepte que está ocultando sustancias, estén preparados para recibir otra andanada de mentiras. La clásica es: "Esto no es mío, se lo guardo a un amigo". No deben creerle. Pregúntenle qué hay sobre las llamadas telefónicas furtivas, a lo que es probable que responda mirándolos a la cara: "Planeábamos una fiesta sorpresa de aniversario para ustedes". Esperen escuchar algunas excusas absurdas. En general, a mayor edad del adicto y mayor persistencia en el abuso, mayor resistencia encontrarán.

Mayor disciplina, o rehabilitación

Continuemos con la escena anterior. Supongamos que su hijo ha confesado. Cuando los muchachos se han engañado ellos mismos y creen que no tienen ningún problema, los padres deben recurrir a lo que se llama "intervención" y que se explica más adelante en este capítulo. Ahora es necesario definir con exactitud desde hace cuánto tiempo el chico consume drogas y cuáles son. En Cenikor, el método que empleamos es preguntar al nuevo paciente desde cuándo es adicto, y lo multiplicamos por 10, porque nunca he conocido a ningún adicto que sea un tenedor de libros preciso, ni alguno que haya exagerado la magnitud de su hábito. Si afirma que ha sido adicto a la cocaína durante un mes, lo más probable es que lo haya sido alrededor de un año. Si insiste en que sólo consume cocaína, podemos estar seguros de que ha probado otras sustancias.

Yo recomiendo tratamiento profesional inmediato para *quienes reinciden*. Lo mismo para aquellos que son infractores por primera vez, pero cuyo consumo crónico incluye *cualquier* droga excepto tabaco, y para quienes, siendo infractores por primera vez, consumen cocaína, *crack*, alucinógenos, PCP, o narcóticos, y para quienes son poliadictos. Para aclarar el tema, supongamos que el consumo de su hijo se limita a probar, ya sea tabaco, alcohol, mariguana, hachís, estimulantes o depresivos —posiblemente más de uno de ellos (un joven que consuma todas las sustancias mencionadas corresponde a mi definición de poliadicto y necesita rehabilitación)—. Para ayudar a su hijo, se requiere que ustedes acepten aplicar la disciplina, sin importar qué tan desagradable pueda ser al principio, y poner en práctica un nuevo contrato familiar:

Contrato familiar II

Yo, _____ (nombre del chico), me comprometo a seguir las reglas siguientes:

1. Nunca consumir alcohol o drogas.
2. No consumir tabaco.
3. No frecuentar a conocidos consumidores de drogas, o

lugares donde se consumen cualquiera de ellas.

4. Obedecer todas las reglas escolares y permanecer dentro de los límites de la escuela durante el día.

5. Regresar directamente de la escuela a casa, al terminar la jornada.

6. No salir por las noches entre semana, a menos que se trate de una actividad aprobada por mis padres.

7. Hacer las tareas escolares, que después mostraré a mis padres. A cambio de ello, mis padres prometen ayudarme en lo que sea posible.

8. No asistir a fiestas que carezcan de supervisión de un adulto, o que se lleven a cabo en la casa de chicos que mis padres no conozcan.

9. Todos aquellos que hablen por teléfono deberán dar su nombre o no me pasarán la comunicación.

10. Las horas de llegada, los fines de semana deberán ser así:
   - de 12 a 14 años de edad, a las 10 de la noche.
   - de 15 a 16 años de edad, a las 12.
   - de 17 a 18 años de edad, a la una.

Fecha:_____

Firmas:

_____
(nombre del chico)

_____
(nombre del padre)

_____
(nombre de la madre)

Los castigos, que también deberán figurar en el contrato, dependen de las faltas cometidas: si el muchacho viola alguna de las reglas entre la dos y la 10, el contrato se vuelve más estricto. Si se le sorprende bebiendo o drogándose, ambas partes entienden que el muchacho debe recibir tratamiento de rehabilitación, de acuerdo con la naturaleza del abuso de las drogas.

Si el muchacho respeta el contrato, las reglas pueden ser más flexibles después de un mes y sufrirán ajustes cada dos meses, después de los cuales: la hora de llegada será media hora más tarde, más actividades permitidas en las noches entre semana, etcétera. Cualquier falta recibe un castigo y cada responsabilidad cumplida, una recompensa.

Otras normas de conducta que los padres deben aplicar para disminuir las violaciones futuras son:

- Limitar el acceso del chico al dinero. Otórguenle una pequeña cantidad mensual, condicionada a que termine sus tareas de la casa y la escuela.
- Autoricen que utilice el auto solo para actividades permitidas.
- Guarden bajo llave todo el licor, medicamentos e inhalantes potenciales.
- Cuando sus amigos vayan a casa, insistan en que la puerta de su cuarto deberá estar abierta todo el tiempo.
- Déjenlo solo lo menos posible hasta que se gane su confianza.

Otra opción es someter al chico a pruebas aleatorias de detección de drogas; pero, debido al carácter delicado de esta situación, sin mencionar el tiempo ni el dinero requeridos (desde 25 hasta 100 dólares), recomiendo esta medida solo en el caso de que el consumo de alcohol, mariguana, hachís, depresivos o estimulantes, sea regular (de tres a cinco veces por semana) y que esté a un paso de necesitar tratamiento profesional. El uranálisis se deberá llevar a cabo no más de una vez a la semana y no menos de una vez al mes, en un laboratorio de su localidad cuya ubicación puede encontrar en la Sección Amarilla del directorio telefónico, bajo el nombre de "Laboratorios de diagnóstico clínico" o "Laboratorios médicos".

Existen diversas pruebas para medir la presencia de alcohol o drogas en el organismo. En general, si una muestra de orina resulta positiva, se debe realizar un segundo análisis, pues los padres deben estar seguros de que los resultados son casi 100% precisos. Por fortuna, la mera amenaza de un uranálisis con frecuencia es suficiente para que el muchacho se porte bien, sobre todo si sabe que las evidencias del THC de la mariguana permanecen en sus tejidos grasos durante 30 días.

Si viola las reglas de la casa, deben estar preparados para cumplir las amenazas que le hagan, sean las que sean. Y si su hijo vuelve a beber o a drogarse, deben someterlo a un programa de rehabilitación, ya que en la etapa en la que está, el problema es demasiado serio para que ustedes lo solucionen solos. Asimismo, se recomienda el tratamiento profesional si:

- El consumo de drogas ha perjudicado el bienestar físico y psicológico de su hijo.
- Lo recomienda alguna otra autoridad, como las escolares y la policía.
- El consumo de drogas del muchacho amenaza con destruir a la familia; por ejemplo: si él es una mala influencia para los demás hijos.
- *Han hecho todo lo que pueden y ya no se sienten capaces de enfrentar el problema de manera positiva para su hijo.*

Someter al reincidente a un tratamiento

En este caso, una vez más deben enfrentarlo con sus faltas, pero en esta ocasión será de manera más directa. Si tienen las evidencias físicas, muéstrenselas y exíjanle una explicación. Quizá vuelva a darles las mismas excusas, pero algunas veces, incluso, el chico se da cuenta de que su hábito está fuera de control y agradecerá su intervención.

Helen, una de las consumidoras de drogas con quienes hablé, intencionalmente dejaba los implementos relacionados con las drogas por todos lados en el departamento de su madre, y dice: "Era mi manera de pedir ayuda". En otro caso, cuando los padres de Darell finalmente le exigieron una explicación acerca de su adicción al *crack*, dice: "Simplemente me desahogué ante ellos y les dije que necesitaba ayuda, que ya no podía soportar más mentiras y decepciones. Me sentí avergonzado, pero sobre todo sentía como si me hubieran quitado un gran peso de encima." Sus padres convencieron a Darell, entonces de 21 años de edad, para que participara en el programa antidrogas de Daytop Village en Nueva York.

En el caso de los muchachos cuya adicción es seria, y que se niegan a buscar ayuda, el problema debe enfrentarse a través de un método llamado intervención, que involucra a los otros hijos, familiares, vecinos, amigos y a cualquiera que le preocupe el abuso de las drogas entre la juventud, para reprenderlo en grupo a causa de su hábito destructor e inducirlo para que acepte recibir el tratamiento adecuado. La efectividad de este método radica en el impacto que causa en el delirio de grandeza y en la creencia de que nadie a su alrededor es lo suficientemente inteligente, que afectan a algunos consumidores de drogas.

Para realizar una intervención se debe reunir un grupo de seis a 10 personas, a las que previamente les habrán dicho cuál es el propósito de la visita y qué se espera de ellas. Se reunirán un día que ustedes sepan que su hijo estará en casa. En esta reunión, por ejemplo, el tío para quien el infractor trabaja los fines de semana, puede levantarse y dirigirse a él para decirle: "Cuando no faltas, no llegas a tiempo a tu trabajo. El sábado pasado te quedaste en casa porque decías estar enfermo, pero a través de tus padres supe que no era cierto. Así que, ¿dónde estabas y qué estuviste haciendo?" En seguida un hermano, o hermana, puede decirle: "Estoy muy molesta porque has estado robándome dinero para comprar tu cocaína. ¿Qué estás haciendo para solucionar tu problema?"

Contar con la ayuda de los contemporáneos del infractor es engañoso, puesto que la mayoría de sus amigos tendrán el mismo problema; pero confíen en los amigos que tenía antes de consumir drogas, ésos que se cansaron de que todo el tiempo estuviera drogado; busquen al que una vez fue su mejor amigo y que ahora ya no viene a casa.

La intervención quebranta el ego del infractor —no era tan listo como creía— y lo hace pensar que, si bien no ha engañado a nadie, tal vez se esté engañando a sí mismo. En resumen, al enfrentarse a los demás, se enfrenta a sí mismo. Es posible que sea más fácil que un adicto a las drogas acepte que tiene un problema, a que lo admita un alcohólico, ya que en nuestra cultura beber es socialmente más aceptable que la adicción a las drogas. Por esta razón, puede ser más difícil obtener el apoyo de otros, pues si los demás son bebedores sociales es posible que se sientan incómodos al acusar a alguien más de beber demasiado.

La mayoría de los padres no se sentirán tranquilos en una intervención que desde luego puede, y hará, más daño que bien. En tal caso, pónganse en contacto con un consejero profesional sobre abuso del consumo de drogas y alcohol. Algunos acuden al hogar para realizar lo que se llama una sesión de terapia familiar, pero la mayoría preferirá que lleven al muchacho a las instalaciones donde se brinda el tratamiento.

Las intervenciones tienen un alto porcentaje de éxito en convencer a quienes se resisten a seguir el tratamiento. Una vez que los jóvenes infractores superan sus sentimientos de vejación y humillación, el interés que demuestran los amigos y los seres amados, a menudo logra que acepten la rehabilitación. Sin embargo, ¿qué sucede cuando todas las medidas mencionadas fracasan? Tomemos un ejemplo:

Paul, entonces de 20 años de edad, accedió a ingresar al programa terapéutico comunitario de Odyssey House de Manhattan, sólo porque su única alternativa era la prisión. Ya había sido arrestado cinco veces por robo mayor. Un año más tarde comenta que nunca habría admitido, ante sí mismo, que necesitaba ayuda, y agrega que planea continuar con el programa aun cuando salga adelante en su periodo de prueba.

En Estados Unidos, en casos similares los padres pueden recurrir a los tribunales para menores y hacer que los muchachos acudan a algún programa de rehabilitación sin su propio consentimiento. Ahora, en lo referente al efecto que esto pueda tener en el paciente, el doctor Charles Shuster, director del INAD, confirma que los estudios demuestran que "no hay diferencia entre los resultados obtenidos en personas a las que se les obliga a seguir el tratamiento y los obtenidos en aquellas que lo siguen por voluntad propia".

De acuerdo con el Centro Juvenil de Justicia de la Barra Asociada Estadunidense, las restricciones para esta acción varían de un estado a otro, en aquel país; pero, en general, los padres encuentran pocos obstáculos para ello si pueden obtener la aprobación de un médico, o si el joven en cuestión ya ha estado involucrado en actividades delictivas. Por ejemplo: si ha sido arrestado por conducir en estado de ebriedad, o por robo menor en tiendas, etcétera. El procedimiento recomendado para obtener la intervención del tribunal es que los padres del adicto soliciten que sea incorporado a un tratamiento, ante el departamento (división o unidad) de servicios sociales, de salud o servicios humanos de su condado. Un trabajador social reunirá las evidencias necesarias para el caso y, después de ser presentadas ante el tribunal, éste decidirá si son suficientes para dar curso a la solicitud. Es preferible que los padres contraten los servicios de un abogado, antes de iniciar el trámite, aunque el tribunal les asignará uno si no pueden pagarlo.

Otras alternativas que existen en Estados Unidos son las agrupaciones como PINS [persons in need of supervision (personas que necesitan supervisión)] o CHINS [children in need of supervision (chicos que necesitan supervisión)], cuyos servicios se solicitan también a través de los tribunales. Igual que en el caso anterior, si el fallo es afirmativo el tribunal asume la responsabilidad del menor. Sin embargo, es necesario tener en cuenta que solo se debe recurrir a esta alternativa en última instancia, ya que en algunos casos envían al muchacho a hospitales e instalaciones de salud mental en las que lo único que hacen es albergar al paciente hasta que se desintoxique físicamente. Esos programas duran una semana o dos, y en definitiva son insuficientes para satisfacer las necesidades psicológicas de los jóvenes.*

---

*En México, para obtener orientación y mayores informes respecto a lo relacionado con farmacodependencia, es recomendable dirigirse a los Centros de Integración Juvenil, A.C. Teléfono: 534-34-34

Hay algo más de lo que los padres deben estar conscientes: si su hijo es un adicto, saben que el tiempo es muy importante. Por eso cuando ustedes soliciten ayuda a las instituciones gubernamentales, es natural que esperen respuestas inmediatas y un plan de acción terminante; pero, por desgracia, la mayoría de dichas instituciones están sobresaturadas de solicitudes, así que deben estar preparados para que la suya pase de un empleado a otro, en un largo proceso burocrático. No importa qué tan enojoso pueda ser: no se desanimen, e *insistan*. Y recuerden que en la mayoría de las burocracias las ruedas del progreso se mueven len-ta-men-te.

Someter a tratamiento a un mayor de edad

La mayoría de los padres que lean este libro no tendrán que requerir la intervención de la ley para lograr que los menores ingresen voluntariamente a los programas de rehabilitación, ya que, de acuerdo con el Instituto Nacional sobre Abuso del Alcohol y Alcoholismo, los porcentajes de ingresos de pacientes de 17 años, internos y externos —hombres y mujeres—, a los programas de rehabilitación, no son desalentadores.

Las cifras cambian cuando se trata de jóvenes de entre 18 y 19 años de edad porque, aunque el número de los que acuden por su voluntad es el doble, son menos propensos a aceptar las sugerencias de la familia o los amigos, y un número importante ingresa a los programas por haber cometido algún delito.

Cuando los renuentes son mayores de edad, los padres no pueden acudir a los tribunales, y tienen que actuar según su criterio. De ahí que si un joven emancipado se niega a dejar de consumir drogas y a buscar ayuda, dénle a elegir entre *rehabilitarse o irse de la casa*. ¿Les parece demasiado duro? Consideren que tarde o temprano los padres de un adicto tendrán que preocuparse por su autoconservación, y la adicción de uno de los hijos puede destruir la vida familiar, crear tensión en los matrimonios y perturbar al resto de los hijos. Vea al adicto como si estuviera aquejado por una enfermedad contagiosa, de manera que si no se le aparta del resto de la familia —que está sano—, finalmente todos se contaminarán de un modo u otro.

Habrá veces en que las fricciones desemboquen en explosiones de cólera y discusiones.

El padre y la madre, frustrados y con los nervios irritados, discuten entre sí, culpándose mutuamente por el mal manejo del problema. Asimismo, se sienten avergonzados de la crisis de su familia y les preocupa que los demás adultos los consideren malos padres. Se elude el contacto social para evitar la posibilidad de que se toque el tema.

Tener que actuar como guardián, a la postre tiene consecuencias físicas y psicológicas en los padres. Un estudio del Hospital Fair Oaks, sobre los padres cuyos hijos tuvieron problemas de abuso de sustancias, mostró que muchos de ellos padecían trastornos psiquiátricos y casi la mitad se quejaba de padecimientos físicos como hipertensión, artritis y diabetes.

Los demás hijos se sienten ignorados, pues la atención de los padres está concentrada en el chico problemático. Tienen la impresión de que a su hermano se le "recompensa" por su mal comportamiento, y también se sienten culpables, porque de alguna manera que no aciertan a definir, "le fallaron" a su hermano o hermana.

Es importante que los padres traten de no descuidar a sus otros hijos durante esos momentos difíciles y, aunque desde luego deben hacer un esfuerzo razonable por ayudarlo, *no descuiden sus propias necesidades*, ni se conviertan en mártires. En efecto, ustedes resultarán afectados por la adicción de su hijo, pero el daño no tiene que ser extremo, ni permanente. Cuídense de promesas que no serán cumplidas. Acepten el hecho de que no se puede acabar con el hábito de un adicto sólo con amarlo lo suficiente, y aprendan a apartarse emocionalmente de la miseria que él mismo se creó. Esto no será fácil, ya que el instinto natural de los padres es correr a acunar a su hijo cuando se lastima. Además, ¿qué sucede si la separación se interpreta como abandono? Es muy probable que su hijo así lo tome, porque está acostumbrado a que ustedes respondan de inmediato a cualquiera de sus caprichos; pero deben comprender que las drogas privan de la conciencia a las personas, que éstas se vuelven egoístas, obsesionadas con ellas mismas —*seres humanos diferentes*—, que disfrutan en secreto la angustia que provocan cada vez que llegan intoxicados a casa o se meten en problemas, y que saborean la atención que se les brinda.

Los padres que se desligan del hijo adicto rompen ese patrón destructivo y, algunas veces, cuando aquellos que consumen drogas ven que ya no pueden manipular a nadie, se dan cuenta de que el juego terminó, se dan por vencidos y al cabo aceptan la ayuda profesional para su problema.

Ustedes tienen que ser capaces de enfrentar el problema de adicción de su hijo en una forma racional, porque ¿de qué sirve un padre incapacitado por una crisis? Si alguien se está hundiendo en la resaca, ustedes no saltan a ciegas para salvarlo, porque entonces serían dos los que estarían en peligro. Lo indicado es analizar los riesgos y concebir un plan seguro para salvar a la otra persona.

Busquen ayuda para ustedes

Hay un antiguo proverbio que dice que cuando un muchacho consume drogas, sus padres lo quieren pero detestan verlo llegar. Y es cierto. Para algunos padres, acostumbrados a amar incondicionalmente a sus hijos, es una sensación nueva y desagradable de manejar, solo una entre muchas. Si ustedes padecen una crisis de su hijo relacionada con las drogas, éstas son algunas de las emociones que pueden experimentar:

- Enojo y resentimiento, debido al tiempo y la energía que han invertido en quien consume drogas, y a causa de la forma como el chico desperdicia su vida.
- Frustración y desamparo. Su hijo parece estar fuera de su control.
- Soledad. El chico que vive en su casa puede ser un completo extraño.
- Vejación: ¿es su adicción un rechazo hacia ustedes?
- Vergüenza. Tal vez ustedes se pregunten si en él se refleja su incompetencia como padres.
- Culpa. Aunque ustedes siempre quieran a su hijo, en ese momento no les agrada, ni lo respetan y además sienten que de alguna manera le fallaron.

Es natural tener dificultades en aceptar alguno, o todos los sentimientos mencionados; para estos casos, en Estados Unidos existen grupos (Al-Anon, Families Anonymous, Drug-Anon y Toughlove),* asociaciones de autoayuda o ayuda mutua para enfrentar adicciones que van desde comer de modo compulsivo hasta el juego. Están constituidos por terapeutas no profesionales; es decir, personas comunes que comparten una situación. Los grupos mencionados proporcionan apoyo mutuo, comprensión y educación a familiares y amigos de los adictos.

---

*En México existen Al-Anon y Drogadictos Anónimos.

A menudo los padres me preguntan si no es preferible el tratamiento profesional que los grupos de ayuda. Yo les aconsejo que primero empiecen con un programa de esta naturaleza y que lo complementen con terapia profesional, si sienten que es necesaria; pero se ha comprobado que los grupos de ese tipo han beneficiado a millones de personas con la ventaja de que sus servicios son gratuitos, aunque reciben donativos. La mayoría se basa en los principios de Alcohólicos Anónimos (AA), que se verán en el Capítulo Siete. De hecho el grupo Al-Anon fue fundado en 1950 por familiares de alcohólicos que se recuperaron gracias a AA, y en la actualidad tiene miles de grupos en alrededor de 80 países. Como en cualquier organización "Anónima", sus miembros se reservan su nombre, si así lo desean. Las reuniones son semanales, o según el arbitrio del grupo. Las metas de Al-Anon son:

- Compartir medios para que los padres se adapten a la dependencia del muchacho, que aprendan a mantenerse desligados y a concentrarse en los aspectos internos, más que en los externos, del problema, y que dejen de asumir las responsabilidades del chico.
- Ofrecer diversas perspectivas para un mismo problema.
- Ayudar a los padres a comprender que la adicción es una enfermedad compulsiva, y que el joven no puede dejar su hábito tan fácilmente.
- Dar a los padres el valor para equilibrar su vida de nuevo, para recuperar antiguas amistades y hacer otras nuevas.

Siempre es recomendable que ambos padres asistan a las reuniones, aunque no sea en el mismo grupo, ya que algunos adultos se sienten menos cohibidos cuando no está su cónyuge. De igual modo, se insiste en que los hermanos del adicto asistan a las reuniones, en grupos separados (Alateen, en Estados Unidos) para jóvenes de entre 12 y 20 años.

No esperen aprender en estos grupos cómo impedir que su hijo consuma drogas. Los grupos son para *ustedes* y sus sentimientos.

Puntos clave sobre este capítulo

- Al descubrir la adicción de su hijo a las drogas, pregúntense ustedes mismos cuánto tiempo hace que existe el problema. Si no se sienten seguros de poder reunir las evidencias físicas y del comportamiento, acudan a algún centro de rehabilitación o soliciten información llamando a los teléfonos donde la proporcionen.
- Cómo abordar el tema con su hijo:

    1. Elijan el momento adecuado, de preferencia un fin de semana por la tarde, cuando las interrupciones sean mínimas.
    2. No lo acusen antes de reunir todos los hechos, no se disgusten, no menosprecien a su hijo, ni lo culpen.
    3. Hablen con calma, y con sus propias palabras, acerca del "problema de la *familia*" y no de "*tu* problema".
    4. Expresen su preocupación no solo por el posible consumo de drogas de su hijo, sino también por otras cosas que puedan intranquilizarlo.
    5. Hagan preguntas, para que él tenga que hablar.
    6. Si es necesario, enfréntenlo con la evidencia física del abuso de sustancias.

- Un principio básico al enfrentarse con alguien sospechoso de abuso de drogas, es: esperar oír innumerables mentiras, pues los chicos que consumen sustancias son artistas del engaño y dirán cualquier cosa para que los dejen en paz.
- Los infractores que por primera vez consuman drogas, y que se limiten a probar tabaco, alcohol, mariguana, hachís, estimulantes o depresivos, deben apegarse a un nuevo contrato familiar más estricto. Para evitar futuras violaciones, los padres pueden seguir otras líneas de conducta, como son:

    1. Limitar la disponibilidad de dinero del muchacho. Otórguenle una pequeña mesada a condición de terminar sus deberes de la casa y la escuela.
    2. Limitar el uso del auto sólo para actividades permitidas.
    3. Guardar bajo llave todo el licor, medicamentos e inhalantes potenciales.
    4. Cuando el muchacho traiga a un amigo a casa, insistan en que la puerta de su recámara permanezca abierta.
    5. Dejarlo solo en casa lo menos posible, hasta que se gane la confianza de los padres.
    6. Sométanlo a pruebas aleatorias de detección de drogas.

- Métodos para lograr que los reincidentes reciban tratamiento contra su voluntad:

    1. Realizar una "intervención", ya sea ustedes solos, o mejor, con la ayuda de un consejero de rehabilitación.
    2. Lleve a su hijo al tribunal familiar o juvenil y pida que se le someta a un tratamiento de rehabilitación. O déjelo bajo custodia del estado después de hacer la solicitud correspondiente.

3. Cuando el renuente es mayor de edad, dénle a elegir entre rehabilitarse o irse de la casa.

- Aprendan a desligarse de la adicción de su hijo, a concentrarse sobre todo en los aspectos internos —más que en los externos— del problema, y a dejar de asumir las responsabilidades del infractor.
- El tratamiento de rehabilitación se recomienda para:

1. Todos los reincidentes.
2. Los infractores de primera vez, cuyo consumo de *cualquier* sustancia —excepto el tabaco— sea crónico.
3. Los infractores de primera vez que consumen cocaína, *crack,* alucinógenos, PCP, o narcóticos, o que sean poliadictos.
4. Aquellos consumidores cuyo bienestar físico y psicológico esté siendo afectado por el consumo de drogas.
5. Aquellos a quienes así se los hayan recomendado las autoridades escolares o la policía.
6. El consumidor cuyo hábito amenace con destruir a la familia. Por ejemplo, si parece ser una influencia negativa para los demás hijos.
7. En el caso en que ustedes hayan hecho todo lo posible y ya no se sientan capaces de afrontar el problema en forma positiva para su hijo.

Capítulo 7

En busca de tratamiento profesional

Una vez que su hijo acceda a someterse a un tratamiento, llévelo en las siguientes 36 horas para que no tenga tiempo de arrepentirse.

Elegir el programa más adecuado para su hijo requerirá de mucho tiempo, atención e investigación, así que los padres deben empezar tan pronto como detecten algún problema de drogas o alcohol. Si su hijo tiene un fuerte resfriado, no van a esperar a que se convierta en pulmonía para proporcionarle atención médica. La misma prevención se aplica a la enfermedad del abuso de sustancias, y en caso de que el hábito de su hijo empeore, estarán preparados para integrarlo de inmediato a un programa que consideren adecuado. Posponer esta decisión hasta que la familia esté en una emergencia a causa de las drogas, da como resultado decisiones apresuradas y, a veces, mal calculadas, que al final dificultan la recuperación del joven.

La atención profesional para el abuso de drogas y alcohol puede tratar con éxito problemas comparativamente menores, como el consumo de mariguana, hasta otros tan críticos como la adicción prolongada a la heroína. La Oficina de Asesoría Tecnológica de Estados Unidos da una cifra promedio de recuperación que oscila alrededor del 67%. La sola alusión a que el tratamiento fracasa en uno de cada tres casos es escalofriante; pero por fortuna los adolescentes y los menores de 10 años se adaptan más rápido a los cambios que los adultos.

La doctrina terapéutica que considera que atender los conflictos psicológicos es tan importante como detener la dependencia física, inspira a todas las formas de tratamiento: grupos de autoayuda o ayuda mutua, atención de pacientes internos y externos, residentes a largo plazo (comunidades de terapia) y apoyo con empleo de metadona. Veremos cada uno de ellos de acuerdo con las etapas progresivas del abuso de drogas.

Si un chico viola el Contrato Familiar II al seguir consumiendo ocasionalmente (una o dos veces al mes, o menos) alcohol, mariguana o inhalantes: la ayuda mutua, por medio de grupos como Alcohólicos Anónimos y otros similares, es efectiva para detener el consumo incipiente de sustancias.

AA es la piedra angular de los otros grupos análogos. Se afirma que el porcentaje de recuperación de AA es de 75%. El programa se basa en 12 pasos o principios, por los que se hace hincapié en la abstinencia, en ayudar a otros aquejados por el mismo mal, y en la espiritualidad, aunque sin denominación alguna. Las reuniones son semanales o más frecuentes, de acuerdo con el arbitrio del grupo. Asimismo los miembros pueden asistir a las reuniones de otros grupos, si lo desean. ¿Qué encuentran los adictos en AA? Fuerza. Hombres y mujeres hablan sinceramente acerca de cómo el alcohol afectó su vida de manera adversa. Hablan de sus antiguos hábitos y de los esfuerzos que hacen para superar su adicción. Cuando los muchachos ven que otros con el mismo problema han dejado de beber, se animan y se sienten inspirados para dejar de hacerlo. Incluso, quizá, por primera vez sienten que los demás los comprenden y se interesan por su bienestar.

El apoyo no termina al concluir la reunión, ya que cada persona elige a un promotor que es un veterano del grupo, de su mismo sexo, quien se convierte en un amigo de confianza al que le puede hablar a cualquier hora del día si siente que su resolución flaquea, o simplemente porque necesite alguien con quién hablar. Los miembros también intercambian números telefónicos y se les anima a que se llamen unos a otros. En agrupaciones como AA los chicos nunca deben estar solos.

La atmósfera en una sesión cerrada —es decir, cerrada para los no alcohólicos— es agradable y sin prejuicios. Pegados en las paredes hay letreros como: "No te apresures" o "Un día a la vez", que recuerdan que sostener la moderación puede ser una lucha. Cuando un joven, nervioso, entra a su primera reunión, por lo regular pasan algunos minutos antes de que los demás se presenten, le ofrezcan una taza de té o café, y traten de tranquilizarlo.

Al dirigirse a la asamblea cada persona se presenta diciendo: "Hola, me llamo_____, y soy alcohólico". Toda la información que se revela en las reuniones de estos grupos es estrictamente confidencial. Por lo regular los miembros se llaman solo por su nombre de pila, así que los padres no tienen que preocuparse porque los asuntos familiares se den a conocer en la comunidad. La edad y el nivel económico no tienen importancia. Así, adolescentes de cabello lacio y pantalones raídos, y hombres de negocios de aspecto conservador y elegante, se sientan juntos "identificando y comparando", o como dirían en AA: aprendiendo y encontrando fortaleza uno en otro. Para muchos alcohólicos el compañerismo es vital en la estabilidad emocional, y les permite aceptar sentimientos que antes estaban encubiertos por el alcohol. Recomiendo las agrupaciones de esta índole, que no piden cuotas pero aceptan donativos.

En AA se sugiere que los miembros asistan a 90 reuniones durante sus primeros 90 días; pero para los muchachos cuyo consumo de alcohol, mariguana e inhalantes sea aún experimental u ocasional, una o dos sesiones por semana son suficientes. Al principio, los padres deben acompañar a su hijo a una reunión abierta (para alcohólicos, amigos, familiares y quienes estén interesados) una vez por semana, pero las visitas irán disminuyendo gradualmente. Asimismo, lea toda la información de la institución para tener idea de los objetivos del grupo y de cómo trabaja, y, desde luego, antes de llevar a su hijo a una agrupación como ésa, primero deben asistir a una reunión abierta.

Si el muchacho viola el Contrato Familiar II al seguir consumiendo con regularidad (de tres a cinco veces por semana), alcohol, mariguana o inhalantes:

Soy partidario de la atención profesional de los pacientes externos, que constituyen —de acuerdo con una encuesta del Instituto Nacional sobre Abuso del Alcohol y Alcoholismo— el 78% de todos los adictos que reciben tratamiento. Si tomamos literalmente la definición de rehabilitación, vemos que su propósito es reintegrar al joven a su estado anterior, o a su estado normal; sin embargo, se necesita un programa más específico para los consumidores regulares de alcohol, mariguana e inhalantes, porque su estado normal es anormal, sobre todo si son muy jóvenes –en los inicios de la adolescencia o antes–, porque tienen poca experiencia acerca de cómo vivir adecuadamente, y su proceso de maduración física y mental ha sido notablemente interferido por el consumo de sustancias psicotrópicas.

En un programa de corto plazo para pacientes externos, los chicos van a la escuela por la mañana y luego van a la clínica, que puede ser independiente, estar en centros de salud mental o en hospitales generales (a la atención diurna en hospitales a menudo se le llama hospitalización parcial). También existen programas nocturnos, o atención nocturna. En Estados Unidos, aunque hay numerosas y excelentes instalaciones de atención diurna, la Phoenix House es un modelo de primera clase, fue fundada en 1967 y cuenta con centros para pacientes externos y de residencia en Nueva York y California.

Cuando un joven llega por primera vez a la unidad de admisiones, se le somete a un examen exhaustivo para evaluar la gravedad de su consumo de drogas. Entonces, los asesores definen un programa personal que comprende terapia individual, en grupo y familiar, todas aplicables en cualquier programa. En la terapia individual, cada uno de los jóvenes trabaja con un asesor para aprender a identificar qué ocasionó el abuso de las sustancias, y a establecer metas que los lleven a tener una vida más productiva. Por ejemplo: el asesor —por lo regular con capacitación en drogadicción, o bien es un antiguo adicto— ayudará al muchacho a reorganizar su tiempo libre con nuevos intereses y amistades, para llenar el vacío que antes llenaba con drogas.

Algunos chicos se sienten menos inhibidos ante confidentes mayores, que con un grupo de amigos. Mientras que otros parecen verlos como una autoridad y se encierran en sí mismos. Es esencial que los padres comprendan que el asesor no es un espía que trabaja para ellos, y que no actuará como sustituto de los padres para imponer la disciplina. En general, los terapeutas solo se pondrán en contacto con ellos si se dan cuenta de que hay una situación que puede ser dañina para el muchacho, como hablar de suicidio, admitir haber cometido un delito serio, etcétera. Si se logra algún progreso, los chicos deben sentir que pueden confiar en su asesor.

La terapia de grupo consta de aproximadamente ocho participantes y uno a dos líderes adultos. El principio es similar al de la autoayuda, ya que los jóvenes aprenden de los demás y se psicoanalizan unos a otros. La función de los terapeutas es moderar la reunión, evitando que se desvíe del tema; pero se mantienen a distancia y permiten que los pacientes controlen la dinámica. Muchos jóvenes se sienten mejor al descubrirse ante un grupo de iguales que en una sesión individual, puesto que han tenido las mismas experiencias y utilizan el mismo lenguaje. Además, observar que los demás se expresan con sinceridad, los induce a ventilar sus propios sentimientos. También, escuchar las historias de los otros jóvenes les permite ver los motivos propios para consumir sustancias. Al estar entre adictos nadie tiene por qué avergonzarse de su hábito.

En una sesión inicial un joven puede decir al grupo: "El chico cuyo casillero está junto al mío siempre me dice que fume mariguana con él. ¿Qué debo hacer? Tengo que admitir que a veces es tentador." Sus compañeros le harán sugerencias para manejar la situación, algo que muchos de ellos enfrentan todos los días. Sin embargo, este tipo de consejos no siempre son palmaditas en la espalda o palabras de aliento. El grupo, como se le llama, puede ser rudo con el ego, sobre todo con quien trate de proyectar las decepciones de sí mismo en otros adictos quienes en un momento dado tal vez manejan del mismo modo sus propios problemas de abuso de sustancias. A esta persona se le desafiará con un lenguaje rudo y, a veces, francamente ofensivo.

No obstante, al evolucionar el grupo, ese duelo verbal se llega a aceptar como parte del tratamiento y no como un ataque personal. Incluso, con frecuencia surgen cálidas amistades entre los jovencitos cuyas relaciones anteriores se basaban simplemente en el mutuo interés en las drogas. Para algunos, su aceptación y respeto recién descubiertos son tan extraños que se les dificulta adaptarse.

Los pacientes, al ir avanzando en el programa —con la abstinencia y la resolución de sus problemas emocionales—, se demuestran unos a otros que la rehabilitación es posible, y, a la inversa, aquellos que han recaído pueden advertir a los demás acerca de los síntomas del peligro y las situaciones que deben evitar. Claro que el éxito de la terapia de grupo depende de la armonía que exista entre los jóvenes, y de la experiencia del terapeuta. En lo personal, he visto a pocos fracasar en los logros de sus metas, si se les deja durante varias sesiones y encuentran su ritmo.

Otros tipos de terapia, que se emplean en las instalaciones de tratamientos antidrogas, son:

Aprendizaje del relajamiento: dar alternativas a los muchachos para arreglárselas con la presión. Una de éstas puede ser biorretroalimentación, que se lleva a cabo por un terapeuta de carrera e incluye el uso de electrodos, instrumentos que detectan y registran impulsos eléctricos imperceptibles —como los del cerebro—. En esencia, esta terapia capacita a la gente para que se relaje sin drogas. Tiene detractores y seguidores, pero los estudios acerca de su efectividad no son concluyentes. Los críticos afirman que es la atención del terapeuta, y no los aparatos, lo que hace que *a veces* tenga éxito.

Terapia recreativa (comprende música, danza, arte y artesanías, y actividades deportivas bajo supervisión): brinda a los jóvenes nuevas opciones interesantes, nuevas áreas en las que pueden obtener logros y autodescubrirse, elevar su autoestima y enorgullecerse de tener un cuerpo saludable.

Grupos de psicodrama: en ellos los pacientes actúan ante una cámara de video. Cuando los programas son conducidos correctamente por un profesional experimentado, el adicto puede explorar sus sentimientos y aprender nuevos métodos para hacer frente a situaciones ya vividas.

Adquisición de confianza: dominar técnicas para resolver problemas, que son aplicables en la vida diaria.

Habrán notado que estas terapias básicamente emplean los mismos principios preventivos mencionados en el Capítulo Tres, como son: reconsiderar las nociones preconcebidas de uno mismo, infundir confianza, combatir el aburrimiento, fomentar la responsabilidad, etcétera.

Después de alrededor de cinco o seis meses como paciente externo, se somete al muchacho a una nueva evaluación. Si se le declara recuperado, ingresa en un programa de posrecuperación durante un periodo de seis meses a un año, en el que se deberán llevar a cabo consultas semanales, ya sea en las instalaciones o a través de las agrupaciones descritas al inicio de este capítulo. Finalmente, sus visitas se espaciarán para que sean mensuales, o tal vez trimestrales, hasta que se le dé de alta en el programa.

Si un chico viola el Contrato Familiar II al seguir consumiendo estimulantes o depresivos; si es un infractor de primera vez por consumir alucinógenos con regularidad, o cocaína, crack, PCP, o narcóticos ocasionalmente; si su abuso del alcohol es crónico, o si su tratamiento de autoayuda y/o su tratamiento como paciente externo han fracasado:

En cualquiera de estos casos el muchacho necesita que se le aleje de su medio e ingresar en las instalaciones de residencia, o para pacientes internos, las cuales pueden ser independientes o estar en un hospital general. Muchas de ellas están ubicadas en el campo.

Al ingresar al programa, el personal de enfermería hace a cada joven una evaluación completa de su consumo, observándolo durante no menos de 24 horas. La dependencia severa puede requerir desintoxicación, que es una abstinencia planeada, necesaria en casi uno de cada 10 casos. En el transcurso de la misma, al paciente se le desintoxica gradualmente durante un periodo de dos a 14 días, con medicamentos que por lo regular se administran en dosis decrecientes. Si no se prescriben drogas, el paciente pasa por la etapa en la que la piel se eriza ("pavo muerto") que, aunque es terrible, sirve como freno para algunos adictos. Sin embargo, la mayoría de los adictos optan por la desintoxicación gradual porque, además de que les permite seguir drogándose durante un corto tiempo, temen que una vez que se deshagan de su apoyo de sustancias químicas, queden vacíos de emociones.

El síndrome de abstinencia para un joven que abruptamente deje la mariguana —o los alucinógenos, que raras veces producen tolerancia en los chicos— es hasta cierto punto benigno y solo dura un día o dos; pero los muchachos que tienen que desintoxicarse de estimulantes y cocaína, pueden padecer alucinaciones aterradoras, palpitaciones cardiacas, diarrea, vómito, pérdida del conocimiento, depresión severa y pensamientos suicidas durante dos semanas o más. En consecuencia siempre deben estar bajo estricta vigilancia médica. La tortura de los síntomas de la abstinencia que los adictos a la heroína tienen que soportar, se ha mostrado ampliamente a través de impresos, películas y música populares; no obstante, los peores síntomas son los que también se presentan en la abstinencia del alcohol —y, sobre todo, en la desintoxicación de depresivos—; incluyen: dolores, debilidad, mareos, hiperansiedad, estremecimientos, delirios, alucinaciones y comportamiento violento y hostil.

Después de la desintoxicación es típico que el paciente se sienta físicamente débil, deprimido, y que a veces presente mal funcionamiento sexual, ya que su mente y su cuerpo han estado en desorden durante meses o años de abuso. Sus "mecanismos de placer", como los doctores Jones les llaman, necesitan tiempo antes de ser capaces de funcionar sin el estímulo de las drogas. Esto vuelve al paciente en extremo vulnerable a una recaída, pues se pregunta si alguna vez volverá a sentirse bien sin las drogas. Por eso los terapeutas por lo regular advierten a sus pacientes sobre los efectos debilitantes de las sustancias que consumieron y del tiempo que tardarán en recuperar la salud. Los consumidores de drogas deben estar informados acerca de lo que pueden esperar durante el tratamiento, para que no pase que se sientan frustrados consigo mismos o con el programa, y lo abandonen.

Las instalaciones en las que no se lleva a cabo la desintoxicación, por lo general contratan un hospital o una clínica de pacientes externos, cercana a ellas.

Poco antes de la reincorporación del chico a la sociedad, él y su asesor formulan un programa para después del tratamiento, para facilitar la transición y el regreso a casa y a la escuela, que en general consiste en un periodo de seis a 12 meses en un grupo de los Doce Pasos, o en asesoría para pacientes externos. Debido a que muchos de sus pacientes tienen que recorrer distancias mayores de un día de viaje, los programas para pacientes internos con frecuencia están afiliados a clínicas de pacientes externos en todo el país.

Si las demás formas de tratamiento han fracasado, o si un chico es un infractor por primera vez por consumir cocaína, crack, PCP, drogas sintéticas, o narcóticos:

Cuando la adicción de un joven está muy avanzada, los padres pueden estar casi seguros de que se ha prolongado durante más de un año, y cuanto más tiempo haya abusado el joven de las drogas, mayor será el tiempo necesario para que las deje, puesto que los patrones social y del comportamiento indeseable se han arraigado profundamente, así que no solo necesitan ser liberados de las drogas, sino que deben ser encaminados hacia otros estilos de vida. Una reforma tan radical no se puede hacer de un día para otro, sino que requiere de atención a largo plazo en una comunidad terapéutica.

Aunque hay numerosas comunidades terapéuticas que son excelentes, he elegido a Straight como modelo. Es un programa dirigido a la familia, que dura de 12 a 18 meses. Sí, de 12 a 18 meses, cada uno de los cuales es esencial (la rehabilitación en otras comunidades terapéuticas, como la de Cenikor Foundation, en Texas, requiere hasta de dos años y medio). El ex jefe de lo relacionado con las drogas de la Casa Blanca, doctor Robert L. DuPont Jr., dijo de Straight: "El mejor programa para el abuso de las drogas que he visto". Y estoy de acuerdo con él, después de haber visitado varias de sus ocho instalaciones, algunas veces en compañía de la primera dama, la señora Nancy Reagan.

El programa de Straight consta de cinco fases, la primera consiste en 14 días, o más, de autoanálisis con la ayuda de asesores y terapeutas. Las ropas y los artículos personales de los recién llegados se revisan en busca de sustancias y, hasta que demuestren su honradez, otros jóvenes los acompañan a *todas partes*.

En Straight los chicos se dan cuenta de por qué necesitaban drogas. A través de cerca de 80 horas por semana de asesoría, ya sea individual, o en grupos de hasta 300 personas, examinan sus deficiencias y temores, y redescubren las emociones que habían hecho a un lado durante largo tiempo.

Los muchachos de la fase uno dejan el centro para dormir en hogares "anfitriones". Se trata de familias cuyos hijos se hallan en las etapas avanzadas del programa, o que ya se graduaron del mismo. Las reglas de la casa son estrictas: deben tender su cama todas las mañanas y lavar los platos. Los baños de regadera son estilo militar. Siempre deben usar calcetines, zapatos y pantalones. Las luces se apagan a las 11:30, y los chicos no pueden salir de su habitación después de esa hora.

En este aspecto, Straight no es tan ortodoxo en la fase dos, que dura por lo menos una semana, pues a los jóvenes se les permite regresar a su casa por las noches y continuar trabajando para mejorar las relaciones familiares. En este sentido Straight es como una comunidad terapéutica para pacientes externos, mientras que la mayoría de las comunidades son de residencia.

En la fase tres, con una duración mínima de una semana, durante los días hábiles los chicos van a la escuela o al trabajo y después se reportan al centro, donde pasan sábados y domingos. En la fase cuatro, que dura por lo menos 90 días, los jóvenes empiezan a retirarse gradualmente del programa y tienen que ir al centro solo tres días a la semana, así como sábados y domingos. En esta etapa los consejeros los ayudan a encontrar formas constructivas para utilizar el tiempo libre y, con una autorización escrita, pueden acompañar a su familia o a sus amigos del programa a actividades recreativas.

Finalmente llega la reintegración, que incluye responsabilidad social para reforzar la confianza en sí mismo y, además, los muchachos van al centro esos tres días de la semana para ayudar al personal y trabajar con otros jóvenes. Después de 60 días se les libera de Straight, pero deben tener seis meses de atención posterior. En ese plazo resuelven problemas con un asesor: salir, hacer nuevos amigos, tener ideas positivas y, sobre todo, enfrentar las presiones de su nuevo estilo de vida sin drogas.

En las comunidades terapéuticas de residencia, como Abraxas I de Pensilvania, los jóvenes viven en las instalaciones y continúan su educación en las escuelas con reconocimiento oficial. El ambiente ideal es agradable pero no demasiado lujoso. Deben respetar un sistema establecido, acatar órdenes y aprender a tomar iniciativas. Se acuestan y levantan temprano, como lo demuestra la típica rutina diaria del Hospital Palmview de Florida, cuyo programa a corto plazo de comunidad terapéutica es para muchachos de 11 a 18 años. Se levantan a las seis y apagan las luces a las 10 de la noche (u 11:30, los viernes).

Los días están tan llenos de actividades que a la hora de apagar las luces los jóvenes están listos para un buen sueño nocturno. Además de tener que asistir a las clases educativas, a las sesiones de terapia, etcétera, los residentes de las comunidades tienen asignadas tareas domésticas, que no son un castigo sino parte integral del tratamiento, ya que muchos chicos nunca han llevado a término ninguna tarea o aprendido a trabajar junto con otros y, quizá, por primera vez advierten que es posible sobresalir sin drogas.

Si todo esto suena como la rutina de un campamento militar, créanme, lo es, pero los muchachos con hábitos muy arraigados necesitan urgentemente un orden con una estructura rígida y con imposición de reglas. A veces se ha acusado a las comunidades terapéuticas de ser demasiado severas con los jóvenes y de lavarles el cerebro. Para ser franco, a los consumidores habituales de drogas se les *debe* lavar el cerebro porque lo necesitan en buen estado y sin impurezas. No voy a negar que los castigos a veces son duros, pero raras veces son físicos, en cuyo caso solo consisten en prohibir a los chicos que salgan sin permiso de sus padres (en algunos programas).

Todo esto es necesario para reconstruir los valores perdidos durante años de consumo de drogas. Se debe enseñar a los jóvenes que tienen responsabilidades con ellos mismos y con los demás, y debe permitirse que sufran las consecuencias de sus acciones. No obstante, a los pacientes no solo se les indica lo que tienen que hacer, sino que están involucrados en forma activa en la planeación de su rehabilitación y deciden qué problemas personales resolver. Así, pueden confiar a su asesor: "Me estoy dando cuenta de que es difícil decir no a la gente" o "Tengo que ser más disciplinado".

La proporción de pacientes respecto al personal, regularmente es de cuatro a uno, y la de pacientes respecto a los asesores es de 10 a uno. Estos últimos tienen estudios académicos o están graduados en el programa. Son amigables con los muchachos pero raras veces se dejan manipular, porque ya han escuchado infinidad de excusas y mentiras de los consumidores de drogas. A cada joven se le estimula para que su desempeño sea lo mejor posible, y se espera que así resulte para que se sienta orgulloso de sí mismo. Aquellos que se nieguen a hacerlo serán excluidos del programa. En la comunidad terapéutica Impact de California —para personas de 18 años en adelante— las causas de expulsión son:

- Consumo de drogas o alcohol mientras se es residente, o sospechas fundadas sobre lo mismo.
- Violencia o amenaza de violencia.
- Actividad sexual.
- Robo u otros delitos.
- Ser objeto de cuatro medidas disciplinarias en una semana.
- Convertirse en un peligro para los demás residentes.
- Escasa respuesta al tratamiento.
- Abandonar las instalaciones sin autorización.

Para muchos jóvenes, ir a una comunidad terapéutica es el mayor impacto de su vida, ya que están acostumbrados a engañar a los demás, a eludir responsabilidades y a comentar impunemente acciones indebidas. Los padres que sometan a sus hijos adictos a un tratamiento de residencia a largo plazo, pueden esperar que el chico trate de explotar su compasión: "Me tratan muy mal", o "Por favor, sáquenme de aquí", dirá cuando llame por teléfono. Si esto les sucede, no se dejen engañar de nuevo. Lo que ocurre simplemente es que el chico se siente frustrado porque tanto los asesores como los compañeros lo desenmascaran, y está enojado porque ahora tiene que obedecer reglas. Es natural que quiera irse.

Después de alrededor de seis a nueve meses, los chicos inician una etapa de readaptación en la que viven en una habitación separada, llamada "casa de transición", en la que se preparan a reintegrarse a la sociedad. Se les estimula para mejorar las deterioradas relaciones familiares en casa y a regresar a la escuela, o bien a conseguir un empleo con ayuda de un orientador vocacional.

Después de tres a seis meses de readaptación, sigue un periodo indefinido de atención posterior, que puede ser como paciente externo en una comunidad, en una clínica para pacientes externos, o a través de un grupo de autoayuda. Y entonces llega el día de la graduación. Recuerdo muchos días de esos en Cenikor: los padres aparecen orgullosos entre el público, con los ojos cristalinos por las lágrimas. El ánimo de los graduados es también muy emotivo, porque para muchos de ellos es la primera vez en su vida que alcanzan una meta.

Apoyo con metadona

La controversia que tal vez llame más la atención en el campo de la rehabilitación a causa de las drogas, es acerca del apoyo con metadona, como una variante del tratamiento para adictos a los narcóticos. Antes de exponer mi punto de vista al respecto, debo hacer notar que durante el tiempo que fui adicto a la heroína me sometí cuatro veces a este tratamiento sin ningún éxito.

La metadona, un polvo blanco y cristalino, es un derivado sintético del opio y un antagonista (una droga que anula el efecto de otra) que se utiliza para acabar con la adicción a la heroína. Fue desarrollada originalmente como analgésico durante la segunda guerra mundial, ante la escasez de morfina. La produjeron químicos alemanes que la llamaron dolofina, en honor de Adolfo Hitler. En la década de los cincuentas los hospitales federales y estatales de Estados Unidos empezaron a utilizarla para atenuar los síntomas de abstinencia de la heroína.

La metadona por vía oral —como la prescriben los médicos y enfermeras autorizados—, elimina el "hambre por el narcótico", según expresión de los doctores Marie Nyswander y Vincent Dole, pioneros en la investigación.

Mientras que el efecto de la heroína dura de tres a seis horas, el de la metadona dura 24, y el de otro producto sintético, llamado LAMM, dura hasta 72. A mediados de los años sesenta la desintoxicación por medio de metadona era el único procedimiento aprobado por la medicina para acabar con la adicción a la heroína, aunque su tasa de éxitos a largo plazo era un desalentador 10 por ciento.

Los síntomas de abstinencia de la metadona son mucho menos debilitantes que los de la heroína, por lo cual la teoría del apoyo con metadona es transferir la adicción del paciente, del narcótico natural al sintético, para que pueda seguir llevando una vida productiva y, de hecho, los estudios han demostrado que quienes siguen ese tratamiento pueden tener tan buen desempeño en el trabajo como el empleado promedio.

Entonces, ¿cuál es exactamente mi objeción para el apoyo con metadona u otros antagonistas sintéticos como la clonidina y el naltrexone? El tratamiento en realidad sustituye una sustancia por otra, conserva al sujeto como adicto y lo mantiene lejos de sus emociones. Además, como tiene que ir a la clínica todos los días a recoger su dosis, es difícil eludir a sus antiguos amigos... y desde luego que el apoyo con metadona hace poco por aumentar la autoestima de una persona.

Originalmente casi no se hacía ningún intento por tratar las causas psicológicas de la adicción, pero en años recientes se han hecho adelantos importantes en la combinación de la reha-bilitación social con el apoyo de sustancias químicas. De acuerdo con el doctor Robert Newman, director del programa de metadona del Centro Médico Beth Israel de Nueva York (el más grande de Estados Unidos): "Todos los programas inclu-yen asesoría, proporcionada ya sea por el personal de la clínica o a través de una institución externa. Es un requisito federal." Sin embargo, existe un gran riesgo de abuso porque el apoyo con metadona se lleva a cabo con pacientes externos.

Debido a la reciente epidemia de sida, se ha sugerido que se repartan a los adictos jeringas estériles en vez de metadona. Para mí ésta es una solución inaceptable. Peter Bell, director ejecutivo del Institute on Black Chemical Abuse de Minneapolis, propuso una solución viable al problema, que consiste en pro-porcionar a los adictos un nuevo tipo de jeringa que pueda usarse una sola vez y que, desde luego, ayudaría a disminuir los casos de sida trasmitido por agujas contaminadas.

Si su hijo es un adicto a los narcóticos, el tratamiento más adecuado consiste en una desintoxicación bajo supervisión médica, y atención a largo plazo en una comunidad terapéutica. La única terapia a base de drogas que apoyo es el uso de anta-gonistas del alcohol, como el Antabuse, que al combinarse con el alcohol provoca náuseas, por lo que pronto el bebedor llega a asociar el alcohol con los efectos colaterales que son tan desagradables, de modo que ese fármaco ha demostrado ser un factor disuasivo muy efectivo.

La calidad del tratamiento antidrogas: dónde y qué buscar

Cuando requieran atención profesional, diríjanse a las instituciones de su localidad para obtener información sobre los programas. Explíquenles el problema de su hijo, el tipo de tratamiento o tratamientos que les interesen, y pidan la dirección y
los teléfonos de los programas. Si utilizan la siguiente lista como
guía, pueden seleccionar algunos. Visiten las instalaciones
(¿tienen aspecto limpio y profesional?) y hablen al azar con
asesores y pacientes.

Lista de preguntas por hacer

¿Cuál es la tasa de recuperaciones del programa? Tal estima-
ción se debe hacer, de preferencia, con base en una encuesta del
seguimiento de los graduados durante uno o dos años. El porcentaje promedio es de alrededor del 67%. Más del 80% es
dudoso.

¿La desintoxicación se lleva a cabo en el establecimiento?
De lo contrario, ¿se han hecho arreglos con otras clínicas u
hospitales?

¿Es su política la total abstinencia? Si permiten que los
pacientes sigan consumiendo "con moderación" cualquier sustancia, descarten el programa.

¿Cuál es la proporción asesores/pacientes? Lo ideal es que
no sea menor de uno a 10.

¿Cuántos asesores son ex adictos o egresados del programa?
En general los antiguos adictos se llevan bien con los muchachos que tienen problemas de abuso de sustancias, de ahí que
alrededor de la mitad de los asesores deban ser ex adictos o con-

tar con la debida autorización expedida por el gobierno.

¿Cuáles son las credenciales del resto del personal? Deben estar disponibles, todo el tiempo, por lo menos un médico y un psiquiatra para alguna consulta. En Second Genesis el personal incluye especialistas con grado de maestría en salud mental, asesoría en rehabilitación vocacional, en problemas de aprendizaje, terapia familiar, adicción, y en análisis de la investigación.

Si se trata de instalaciones independientes, ¿están afiliadas a algún hospital cercano en caso de ser necesarios los servicios de emergencia, laboratorio de diagnóstico, rayos X, o farmacia? La comunidad terapéutica Impact en Pasadena, California, tiene acuerdos de esta naturaleza con dos hospitales de la ciudad.

¿Cuánto dura el programa? Es normal que la atención a pacientes externos dure de cuatro a seis meses. Para pacientes internos, de cuatro a seis semanas. Y en comunidades terapéuticas, de seis a 24 meses. Tenga cuidado con cualquier centro de tratamiento que afirme realizar curaciones milagrosas.

Si la atención posterior es parte del programa, ¿se lleva a cabo en el establecimiento o a través de un grupo de autoayuda, del tipo de los Doce Pasos? Es esencial un mínimo de seis meses de atención posterior.

¿El programa está aceptado o aprobado por el gobierno?

¿Los programas académicos que ofrecen están aprobados por el gobierno? Si se trata de un programa para pacientes externos, ¿se les hacen exámenes de orina por lo menos dos veces por semana? En cualquier etapa del tratamiento, es necesario saber si un paciente está reincidiendo.

Si la rehabilitación, como paciente externo o interno, se lleva a cabo en un hospital general, ¿está acreditado ante la Comisión Mixta Acerca de la Autorización de Hospitales? En

Estados Unidos, la CMAH es una organización privada, no lucrativa, encargada de mantener la calidad de la atención a la salud a través de encuestas amplias y voluntarias que se llevan a cabo cada tres años. De los cinco mil hospitales actuales, más de los 700 que tienen unidades de tratamientos antidrogas están acreditados por esa organización.*

Investigue los antecedentes de la institución. ¿Hace cuántos años que está funcionando? Solicite su informe financiero anual o bienal, porque, si la institución no tiene estabilidad financiera, existe la posibilidad de que cierre antes de que su hijo termine el tratamiento, lo que obviamente sería una grave interrupción en su progreso.

¿Hay grupos de terapia solo para chicas? Por lo regular el número de muchachos supera al de muchachas en tratamiento, por lo menos en una proporción de uno a 10. Las mujeres adictas con frecuencia han llevado una vida promiscua, y es difícil para ellas hablar con sinceridad acerca de estos temas personales delante de los hombres.

¿Es la terapia familiar parte del programa? Este es un aspecto vital del proceso de recuperación que se examinará más adelante en este capítulo.

¿Cuál es el costo total? Algunas veces los centros de rehabilitación descuidan dar un panorama completo del costo. La diferencia se puede comparar con pedir a la carta o solicitar el menú económico en un restaurante. Los gastos totales incluyen la desintoxicación, si es necesaria; la asesoría familiar, si se factura por separado, y la atención posterior. Asegúrense de preguntar por las coberturas de los seguros, así como por las formas de pago, ya que en algunos programas se pide un depó-

---

* En México deben tener autorización del Sector Salud.

sito del 50%. En otros se solicita el depósito del total, y se hace el ajuste, poco común a favor del cliente, después de terminado el programa, o si el paciente lo abandona antes de tiempo.

Costo y seguro médico*

Los padres del muchacho que consume drogas pagan un precio elevado, tanto emocional como monetario, ya que el tratamiento antidrogas de calidad es costoso. Claro que ustedes no pueden poner precio al bienestar de su hijo, pero es natural querer gastar lo menos posible.

Los costos de los diferentes tratamientos varían mucho y cambian constantemente, de ahí que no sea yo partidario de citar muchas cifras, que pronto serán obsoletas. Sin embargo, solo para darles una idea del costo aproximado, aquí están las tarifas, vigentes a fines de 1987, de los programas mencionados en este capítulo:

Grupos de autoayuda/ayuda mutua: las agrupaciones de los Doce Pasos —como Alcohólicos Anónimos y Drogadictos Anónimos— son gratuitas, aunque sus miembros pueden contribuir de manera voluntaria para sufragar los gastos de renta del local, los refrescos y publicaciones. Sugiero que la atención posterior sea a través de un grupo de esta naturaleza, para reducir los gastos del tratamiento como paciente interno, externo y en comunidades terapéuticas.

Atención como paciente externo: los padres pueden esperar un costo de entre mil 200 a tres mil 200 dólares por un programa de cuatro a seis semanas.

---

* En México ninguna póliza de seguros cubre el tratamiento de rehabilitación por consumo de drogas.

Atención en residencia: el costo de la atención para pacientes internos casi se duplica, con respecto al de la atención en las clínicas para pacientes externos, ya que se proporcionan alojamiento, alimentos, educación académica y orientación vocacional. No obstante, algunos programas de 28 días para adolescentes cuestan hasta 12 mil dólares.

Atención a largo plazo en una comunidad terapéutica: Straight, que no proporciona alojamiento, cobra seis mil dólares por una estancia mínima de un año. Otros programas, en los que se proporciona alojamiento, alimentos, educación académica y orientación vocacional, pueden llegar a costar 20 mil.

Apoyo con metadona: en el Centro Médico Beth Israel de Nueva York, la cuota es de dos mil 200 dólares por año, que está a la par con el resto de los programas para pacientes externos con dicha sustancia en Estados Unidos.

Desintoxicación: cuando se lleva a cabo en un hospital puede costar de 300 a 500 dólares por día. Algunos pacientes solo requieren un día o dos de hospitalización. Otros, hasta dos semanas.

Las cifras parecen astronómicas, como sucede en la actualidad con todo lo relacionado con el cuidado de la salud; sin embargo, prácticamente toda la publicidad de los establecimientos de rehabilitación antidrogas incluye el apéndice: "A nadie se le rechazará por falta de recursos", ya que en muchas de ellas cobran de acuerdo con los ingresos familiares (otro punto vital por el que se debe preguntar al solicitar información sobre los programas).

En Estados Unidos existe, además, un programa de asistencia administrado por el gobierno, para familias de bajos ingresos que no pueden pagar un tratamiento; pero, por desgracia, esta opción no es la mejor, ya que los tratamientos que incluyen varían mucho de un estado a otro. En la actualidad se están tomando medidas para mejorar esta situación a nivel público y privado. Esperemos, entonces, que en los próximos años la gran injusticia que se ha cometido con la población de alcohólicos y adictos se enmiende. Sobre todo por el bien de los jóvenes.

La participación familiar es crucial

No importa el tipo de tratamiento que elija para su hijo, la participación de la familia es vital para su recuperación. De acuerdo con una investigación publicada por la Federación Nacional de Padres en Pro de una Juventud sin Drogas, la participación de la familia aumenta 10 veces las oportunidades del chico.

Por otro lado, los estudios realizados por Straight muestran que los programas de rehabilitación tienen una tasa de éxito solo de dos a tres por ciento sin la interacción de la familia. Por esta razón, Straight no acepta a los jóvenes a menos que lleguen acompañados por uno de sus padres, pues una de sus metas fundamentales es fortalecer el sistema familiar. En las primeras etapas de este programa se pide a los familiares que asistan, dos veces por semana, a reuniones abiertas en las que, ante los concurrentes —jóvenes y adultos—, manifiestan su agrado por los progresos del muchacho. Dicen, por ejemplo: "Jim, supimos que lo estás haciendo muy bien, y queremos que sepas q' estamos orgullosos de ti y que te amamos". O bien, expresan su desilusión: "Judy, nos dijeron que te sorprendieron bebiendo, y eso nos lastima y disgusta". Como se podrán imaginar, estos encuentros cara a cara provocan lágrimas y risas, pues padres e hijos se dicen: "Te quiero", una frase que en algunos casos no habían pronunciado en años.

Las visitas familiares por lo regular empiezan uno o tres meses después de que se inician la mayoría de los programas de residencia, y dependen de los progresos del joven. Al principio se intenta mantenerlo aislado de sus padres, debido a que en muchos casos han actuado como codependientes o de manera tolerante, así que también tienen que aprender las reglas del programa, darse cuenta de lo que pueden esperar de su hijo, y de cómo pueden ayudar a su proceso de rehabilitación.

En todos los tipos de tratamientos se hace hincapié en la participación de la familia, generalmente a través de una combinación de terapia privada de padres e hijos y una consulta mixta con la familia y el paciente. La tarifa, que puede estar incluida en el costo total o puede cobrarse por separado, varía de 25 a 100 dólares por sesión. En el programa IMPACT de la Phoenix House, para pacientes externos, se aconseja a los padres que asistan a seis seminarios semanales —educativos— seguidos de consultas familiares con un terapeuta; en ellos se tratan temas relacionados con el abuso de sustancias y la paternidad, aprenden cómo mejorar la comunicación en la familia y cómo establecer límites con efectividad. El costo es de 40 dólares por visita. En Hazelden, por otro lado, los padres pueden asistir a un programa residencial optativo, pero recomendable, con un costo de 540 dólares. Además, el resto de la familia siempre puede contar, sin costo, con los grupos de ayuda mutua, como los mencionados al inicio del Capítulo Seis.

En este punto es importante señalar que cuando un chico consume drogas, *todos* los miembros de la familia se ven arrastrados, contra su voluntad, hacia el vórtice del abuso de sustancias porque, como lo afirmé con anterioridad, es una enfermedad de la familia. Además es normal que los demás hijos reaccionen ante el hábito de su hermano(a) de diversas maneras:

- Niegan el problema y simulan que no sucede nada malo.
- Temen por ellos mismos, y se hacen preguntas como: "¿También llegaré a consumir drogas?".
- Se alejan del chico problema, o de toda la familia.
- Se enojan y rechazan al adicto.
- Se identifican con él y comienzan a beber, a drogarse o a tener un comportamiento delictivo.

¿Por qué necesitan ustedes asesoría? Para ayudarlos a aceptar sus sentimientos. En el Capítulo Seis examinamos varios de los estados de ánimo que pueden experimentar los padres al descubrir el hábito de su hijo. Además, conforme avanza el tratamiento se requiere tiempo, energía y dinero, así que sentimientos como enojo, resentimiento, frustración, impotencia, soledad, vejación, vergüenza y/o culpa, se pueden intensificar y dar como resultado otra fuente de intranquilidad: la confusión. Es muy probable que ustedes se hagan muchas preguntas: ¿Volverá la familia a la normalidad?, ¿Podrán confiar de nuevo en su hijo?...

En esos momentos, el apoyo de otros padres y de asesores expertos pueden ayudarlos a resolver las dudas y a calmar la tempestad emocional que ha azotado a toda la familia. Así mismo, es vital que se atiendan los conflictos previos, antes de que su hijo termine la rehabilitación, pues él ha aprendido nuevas formas de salir adelante y ustedes tienen que hacer otro tanto. El regreso a un hogar cargado de resentimiento sólo lo empujaría de nuevo a su hábito porque, ¿de qué sirve la abstinencia si de todas formas los padres y los hermanos están molestos con él? De igual modo, el sentimiento constante de culpa por parte de los padres puede ser muy dañino, pues le permite al chico volver a manipularlos. Debemos aprender de los errores pasados, no repetirlos.

La asesoría también puede controlar su ansiedad acerca de la rapidez con que se aproxima el día en que terminará el programa del muchacho. También necesitan saber con anticipación qué pueden esperar de ustedes mismos y de él, y cómo será la vida cotidiana con un adicto aún en recuperación.

Puntos clave sobre este capítulo

- Una vez que su hijo acepte someterse a un tratamiento, llévenlo a la institución en el transcurso de las siguientes 36 horas, con el fin de que no tenga tiempo para arrepentirse.
- Inicien la búsqueda de un tratamiento inmediatamente después de que se den cuenta de que su hijo bebe o consume drogas. En el caso de que el hábito empeore, deberán estar preparados para llevarlo con rapidez a la institución que hayan elegido.
- Gravedad del hábito y tratamiento recomendado:
  1. Consumo ocasional (una o dos veces por mes, o menos) de alcohol, mariguana o inhalantes: grupos de ayuda mutua como Alcohólicos Anónimos, Drogadictos Anónimos, etcétera.
  2. Consumo regular (de tres a cinco veces por semana) de alcohol, mariguana o inhalantes: atención profesional como paciente externo.
  3. Consumo regular de estimulantes o depresivos. Si es un infractor incipiente por consumir con regularidad alucinógenos, o por consumir cocaína, *crack*, PCP o narcóticos ocasionalmente; si su abuso del alcohol es crónico; o si la atención como paciente externo y/o los grupos de autoayuda han fracasado: atención como paciente interno o de residencia.

4. Si las otras formas de tratamiento han fracasado, o si el muchacho es un infractor incipiente que regularmente consume cocaína, *crack*, PCP, drogas sintéticas o narcóticos: atención a largo plazo como residente en una comunidad terapéutica.

• Qué se debe buscar en un programa antidrogas:

1. Una tasa de recuperación de por lo menos 67%.
2. Desintoxicación, ya sea en el establecimiento o en otras instalaciones.
3. Una política de abstinencia total.
4. Una proporción mínima asesores/pacientes de uno a 10. La mitad de los asesores deben ser ex adictos y tener reconocimiento oficial.
5. Disponibilidad constante de un médico y un psiquiatra, por lo menos, para hacer alguna consulta.
6. La institución debe estar afiliada a algún hospital cercano por si se presenta una emergencia, o si se requieren servicios de laboratorio, rayos X o farmacia.
7. Brindar atención posterior, ya sea en la institución o a través de algún grupo del tipo de los Doce Pasos.
8. Tener autorización oficial.
9. Tener programas académicos autorizados por el gobierno.
10. Realizar exámenes semanales de orina a los pacientes externos.
11. Contar con grupos de terapia solo para chicas.
12. Brindar terapia familiar.

• Soliciten que la atención posterior sea en un grupo de autoayuda, para reducir los gastos de atención como paciente interno, externo o en algunas de las comunidades terapéuticas.

- Su participación es vital, sin importar el tipo de tratamiento que elijan para su hijo. De acuerdo con la Federación Nacional de Padres en Pro de una Juventud sin Drogas, la interacción familiar aumenta 10 veces las probabilidades del muchacho, y los estudios llevados a cabo por Straight muestran que cuando ésta no existe, los programas de rehabilitación tienen una tasa de éxitos de solo el dos o tres por ciento.

- Las familias deben resolver los conflictos anteriores mientras su hijo recibe tratamiento, ya que él ha aprendido nuevas formas de salir adelante, y sus padres y hermanos deben hacer lo mismo.

Capítulo 8

El impacto posterior: cuando el tratamiento termina

Es natural que al terminar la rehabilitación, los padres supongan que la penosa experiencia de la familia quedó atrás, pero no del todo. Es cierto que lo peor ya pasó y que su hijo finalmente se liberó de las drogas; sin embargo, para que siga así se requieren meses o un año de supervisión cuidadosa y de disciplina, mientras recibe atención posterior. Para algunos padres esto es difícil de aceptar, después de haber invertido tanto tiempo, lágrimas y dinero. Observan la escena a la hora de la comida y sonríen para sus adentros. Por fin la vida vuelve a la normalidad: su hijo se ve y se comporta como lo hacía antes de caer en las drogas; de nuevo se preocupa por su apariencia, es agradable y no se aísla del resto de la familia. Así que pueden pensar: "Mi hijo se ha reformado, ¿qué problemas podríamos enfrentar ahora?"

No obstante, debajo de la calma superficial se mueven las corrientes del conflicto, porque el regreso a casa de un adicto en recuperación puede ser una transición difícil para todos.

Sentimientos que los padres pueden experimentar

Abandono, vacío: todos somos criaturas de acondicionamiento. Durante el tiempo que el joven se drogaba, sus padres a menudo asumían el papel de redentores —un eufemismo para decir tolerantes—, se acostumbraron a las crisis repetidas, e incluso secretamente pudieron haberse sentido bien al ser tan necesarios con tal frecuencia. Ahora que su hijo está sano y es más autosuficiente, pueden sentirse rechazados y sin ambiciones —como si su vida hubiera perdido su objetivo.

Resentimiento: pueden pensar: "¿Cuánto tiempo más va a durar esto?", o "¿no hemos tenido suficiente ya?".

Desilusión: la adicción de un muchacho desorganiza seriamente la vida familiar y pueden surgir otros problemas a causa del descuido, pues el problema ha consumido muchas energías y emociones. Algunas veces los padres se engañan a sí mismos creyendo que todos los conflictos familiares se resolverán con la recuperación del joven, pero cada problema se debe resolver en forma individual.

Es imposible saber cómo reaccionarán los padres y los hermanos, por lo que siempre es recomendable que, mientras el adicto recibe asesoría posterior, los miembros de la familia sigan recibiendo terapia, ya sea como pacientes externos o en grupos de autoayuda. Sugiero que se inicie con sesiones semanales durante seis meses, para que después sean cada mes, y continuarla hasta que termine la rehabilitación del muchacho o hasta que la familia considere que todas las discordias han sido superadas.

Sentimientos que los jóvenes en recuperación pueden experimentar

Presión: los jóvenes en abstinencia pueden sentirse bajo supervisión constante, o creer que los demás tienen poca fe en su decisión de mantenerse en abstinencia. Además, después de pasar semanas o meses en un ambiente terapéutico de apoyo, ahora están de nuevo entre los compañeros que los pueden tentar con alcohol o drogas. Y, aunque el tratamiento reforzó su autoestima y sus habilidades para decir no, se preocupan al pensar cómo reaccionarán la primera vez que alguien les ofrezca una copa o un cigarro de mariguana, o qué sucederá cuando se enfrenten a sus antiguos amigos.

En promedio, un adicto en recuperación necesita de 12 a 18 meses para poder alternar con tranquilidad con personas drogadas. Hacer esto es todavía arriesgado.

La ansiedad que un antiguo adicto siente puede ser interna o externa. Puede estar tan sensible respecto a su alcoholismo o su adicción a las drogas que quizá malinterprete, como presión, los ánimos que le brinden sus amigos y seres queridos, con la idea de que el amor que le dan no es incondicional, sino una recompensa por no ceder. Es irónico, pero algunos ex bebedores o ex adictos sienten esto como una carga demasiado pesada, y reinciden.

Culpa: los adictos no piensan mucho en el dolor que causan a los demás; sin embargo, una vez que su mente está clara, se dan cuenta del tormento que ocasionaron y se sienten muy avergonzados. Por este motivo, los padres deben abstenerse de remover el pasado, aunque tampoco se trata de perdonar de inmediato las faltas del ex adicto.

Soledad: el chico convaleciente se enfrenta a la perspectiva atemorizante de tener que hacer nuevas amistades con quienes no consumen drogas. Se puede sentir como un intruso entre sus compañeros, en particular si se encuentra con sus amigos anteriores, o si lo ridiculizan por resistirse a las drogas. Además, debe encontrar actividades e intereses que no tengan que ver con las drogas. Un asesor que le brinde atención posterior, puede ayudarlo a aliviar su desaliento y sugerirle formas constructivas para emplear su tiempo libre; pero también necesita apoyo en casa.

Aprensión: los jóvenes necesitan que se les asegure que, así como ellos han cambiado, ha sucedido lo mismo con la situación en casa, a menudo llena de conflictos. Por esta razón la terapia familiar es esencial para el tratamiento, para mejorar los patrones negativos de comunicación. A los muchachos que están por regresar a su casa, aún les preocupa si la situación habrá mejorado o no.

No pretendo decir que todos los adictos en recuperación regresan a casa como bombas emocionales de tiempo, listos para estallar. La rehabilitación inspira en muchos chicos confianza para poder regresar a casa, a las mismas calles, y aun así no reincidir. Todos aquellos con quienes hablamos se mostraron optimistas ante el futuro:

"Aprendí a no volver a comprometer mi honor. Por primera vez en mi vida, tengo principios que van a impedirme caer en las drogas de nuevo."

Ira

"No puedo regresar a casa, porque mi madre aún fuma mariguana. No he sabido nada de ella desde que inicié el tratamiento, y sé que no porque yo me reformé, ella va a dejar de consumir drogas. Por eso voy a vivir sola, y creo que voy a salir adelante."

Helen

"En lugar de andar vagando con mis antiguos amigos, voy a reunirme con gente que conocí aquí, en el programa. Me agradará hacerlo porque así me siento bien conmigo mismo."

Anthony

Ayuden a su hijo a no reincidir

La primera realidad que los padres deben aceptar es que no pueden proteger a su hijo convaleciente de todas las tentaciones e influencias negativas; pero, al mismo tiempo, si le quitan toda restricción, puede sentir demasiada presión antes de tiempo. Por este motivo, recomiendo establecer una estructura disciplinaria por medio de un contrato más, que deberá revisarse cada dos meses hasta que la atención posterior termine, y que puede incluir las siguientes cláusulas:

Contrato familiar III

Yo, _____ (nombre del chico) prometo seguir las siguientes reglas:

1. No consumir alcohol ni drogas.
2. No fumar tabaco.
3. No relacionarme con personas que yo sepa que consumen drogas, ni frecuentar lugares donde se consuman.
4. Obedecer el reglamento de la escuela, permanecer en ella durante el día y sostener calificaciones satisfactorias.
5. Debo asistir a la terapia individual y familiar.
6. Debo realizar ciertas tareas del hogar, por las que se me otorgará alguna mesada.
7. Debo terminar todas mis tareas escolares, que deberé mostrar a mamá y a papá. Ellos, a su vez, se comprometen

a ayudarme tanto como sea posible.

8. Mamá y papá me llevarán a un número razonable de actividades.

9. La hora de llegada será (con base en la clase de barrio donde vivan):
   - de 12 a 14 años de edad: a las nueve de la noche en días hábiles; a las 10 en fin de semana.
   - de 15 a 16 años: nueve y 12.
   - de 17 a 18 años: 10 y una.

10. Debo avisar a mis padres a dónde voy.

Fecha:_____

Firmas:

_____

(nombre del chico)

_____

(nombre de papá)

_____

(nombre de mamá)

¿Qué más pueden hacer? Básicamente, emplear las técnicas de prevención descritas en el Capítulo Tres, que se repiten aquí con brevedad:

- Elogie a su hijo en el momento adecuado para aumentar su autoestima, y para demostrar que ser responsable, honesto, obediente, etcétera, tiene recompensa.

- Ayúdenlo a cultivar nuevos intereses a través de actividades programadas y no programadas. Aun antes de que el muchacho termine el tratamiento, los padres deben investigar posibilidades al respecto preguntando a los amigos sanos del muchacho qué hacen en su tiempo libre. A propósito, una de las metas de la terapia familiar es sugerir maneras para que toda la familia pueda utilizar su tiempo en forma creativa.

- Alienten otros métodos para manejar la tensión y para sentirse bien sin las drogas.
- Estimulen la individualidad para que el joven tenga otras alternativas para manifestarse, diferentes del mal comportamiento.
- Encamínenlo sin presionarlo, hacia metas a largo plazo. Por ejemplo, ayúdenlo a elegir una carrera.
- Asegúrenle que puede contar con ustedes, en cualquier momento, si necesita apoyo y consejo.
- Sigan ayudándolo con sus habilidades para decir no.

Cuando el joven sufre una recaída

Probablemente el mayor peligro que enfrenta cualquier adicto es la decepción de sí mismo, porque puede volver a probar las drogas "solo esta vez". Cuando era asesor en Cenikor, vi innumerables casos de pacientes que, después de terminar con éxito el programa, regresaban al tratamiento. Siempre se lamentaban: "Pensé que lo había vencido, y me imaginé que un cigarro de mariguana no me haría daño…"

Los padres con frecuencia encubren la recaída del joven al negarse a aceptarla. Vuelven a sus maneras tolerantes, como si la adicción nunca hubiera sucedido. Esto es comprensible, puesto que les aterra la idea de que su hijo vuelva a ser un adicto, pero ignorar los presagios de que la bestia aún acecha, solo alimenta su voraz apetito, porque después de uno o dos desvíos aún se puede salvar la recuperación del muchacho; pero, si se le permite que continúe consumiendo drogas, su recaída será completa. Como he subrayado a lo largo de este libro: *confíen en sus instintos* y *actúen en consecuencia*.

No obstante, si su hijo regresa a sus antiguas costumbres, ni ustedes ni él deben darse por vencidos. Esta reacción, llamada Efecto de Violación de la Abstinencia (EVA), es endémica en todos los adictos en recuperación, quienes experimentan sentimientos de culpa, fracaso, aversión a sí mismos y desesperanza acerca de su curación. De ahí que algunos lleguen a pensar: "¿Por qué resistirse?, ¿por qué no rendirse sin luchar?", y regresan a la drogadicción. Tanto los padres como los jóvenes deben reconocer a través de la terapia, que si bien hay que evitar las violaciones, éstas no anulan todo el tratamiento. Me resisto a decir que deben esperarlas, porque esto implica aprobación, pero se puede decir que no es seguro descartar la posibilidad de las recaídas.

La mayoría de los adictos con los que hablamos admitieron haber reincidido en algún momento. Algunos volvieron, durante poco tiempo, a fumar mariguana o a beber antes de darse cuenta de que se dirigían hacia el desastre y lo abandonaran. Otros, como Darrell, volvieron a caer hasta el fondo e incluso dejaron la rehabilitación.

En el peor de los casos

Si cualquier tratamiento fracasa en alejar a su hijo de su hábito, o si termina el tratamiento pero reincide en el consumo regular de alcohol o drogas:

La dura realidad es que no todos los jóvenes se van a reformar a través de la rehabilitación antidrogas. Los mayores de 18 años pueden abandonar el programa a la mitad, y de los que resten, aproximadamente, uno de cada tres volverán a ser consumidores regulares.

¿Por qué el tratamiento no funcionó con ellos? Es sumamente difícil decirlo. Pueden culpar al programa, pero la conclusión final es que el muchacho en realidad no deseaba recibir ayuda.

Los padres que se encuentren en ese predicamento tal vez rechacen lo que estoy por proponerles: cuando *todas* las posibilidades se hayan agotado, no deben permitir que el adicto regrese a casa hasta que demuestre que ha dejado las drogas, y que está recibiendo atención como paciente externo. O, si su abuso ha llegado al extremo de la adicción, debe someterse a una desintoxicación seguida de un tratamiento como residente o como paciente interno en la misma institución en que ya estuvo. *Esta vez será por su cuenta* y, puesto que la mayoría de las instituciones fijan sus tarifas según las posibilidades del paciente, le cobrarán lo que pueda pagar con trabajo.

Echar al muchacho de casa parece cruel, ¿verdad? No lo es, si consideran la alternativa: permitir que consuma drogas en casa, donde sus hábitos pueden alimentarse —frente a la posibilidad de una sobredosis— con tanta facilidad como en la calle. *Deben permitir que sufra las consecuencias de sus actos*. Dejen que se dé cuenta de lo que es la vida sin apoyo económico, lo que es andar solo en las calles, sin un techo. En el caso de muchos adictos, es necesaria una medida tan extrema para obligarlos a enfrentarse con la verdad acerca de ellos mismos, y del tipo de vida que llevan. Sin duda alguna, ése fue mi caso.

Seguramente su hijo no tendrá que tocar fondo, como yo. Puede ser que salga a flote en el tratamiento o en la cárcel, después de que lo arresten por conducir en estado inconveniente. Pero si la situación exige que ustedes sean duros, no duden. Será difícil. Ustedes se sentirán como si fueran ogros o malos padres —solo dos entre las varias acusaciones que pueden esperar por parte de su hijo—. En esos momentos necesitarán mucho apoyo y deberán asistir a las reuniones de los grupos que lo brindan, donde otros padres que han tenido que enfrentar situaciones similares comprenderán su agonía: podrán ayudarlos a hacerse insensibles a la desaprobación de algunos parientes y vecinos que no entiendan su actitud. Simplemente recuerden que solo ustedes conocen la angustia de vivir con un hijo que intenta destruirse a sí mismo y a su familia, a través de las drogas o el alcohol, y que solo ustedes, padres que en verdad aman a su hijo, se arriesgarían a perder su cariño para que pueda seguir viviendo.

Muchas cosas han cambiado desde que me inicié en el consumo de drogas y, aunque el problema se ha intensificado, lo mismo ha sucedido con la determinación de los padres de proteger a sus hijos de esta amenaza, de manera que me siento optimista ante el futuro. Gracias a los esfuerzos de mucha gente que ha vivido la tragedia de la adicción, y a través de la guía de la señora Nancy Reagan, ahora entendemos mejor el problema y sabemos que es muy peligroso descuidarlo. En la actualidad, los padres están mejor informados y cuentan con la ventaja adicional de que existen numerosos recursos, tanto públicos como privados.

Este libro es uno de ellos. Apliquen las herramientas que les brinda y tendrán una buena oportunidad de mantener a raya a la bestia taimada del abuso de las drogas.

Puntos clave sobre este capítulo

- Sentimientos que los padres pueden experimentar una vez que su hijo termine el tratamiento:
    1. *Abandono* y *vacío*: ahora que ya no es necesario que estén sacando constantemente a su hijo de apuros, se sienten despojados de su propósito en la vida.

2. *Resentimiento*: les parece que la familia ya ha tenido suficiente y quieren que la crisis termine.

3. *Desilusión*: algunas veces los padres se engañan ellos mismos al pensar que todos los problemas familiares se resolverán con la recuperación de su hijo, y se desaniman cuando no es así.

- Es recomendable que, mientras el adicto recibe atención posterior, los miembros de la familia sigan recibiendo terapia, ya sea como pacientes externos o de autoayuda. Empiecen con sesiones semanales durante seis meses, y después disminuyan la frecuencia a una por mes. Sigan asistiendo hasta que la rehabilitación del muchacho termine, o hasta que la familia considere que todos los conflictos se han superado.

- Sentimientos que los jóvenes en recuperación pueden experimentar:

1. *Presión*: sienten que constantemente los están vigilando o que los demás tienen poca fe en su determinación de no reincidir. Les preocupa cómo reaccionarán si alguien les ofrece una copa o un cigarro de mariguana, y qué sucederá cuando tengan que enfrentarse a sus antiguos amigos. En promedio, se necesitan de 12 a 18 meses para que un adicto en recuperación pueda alternar, sin incomodidad, con personas drogadas.

2. *Culpa*: una vez que tienen la mente clara, los ex adictos se dan cuenta del dolor que han causado y se sienten muy avergonzados.

3. *Soledad*: los adictos en recuperación deben hacer nuevas amistades que no consuman drogas, puesto que pueden sentirse como intrusos entre sus antiguos compañeros. Además, necesitan encontrar actividades e intereses que no tengan nada que ver con las drogas.

4. *Aprensión*: los muchachos necesitan que se les asegure que, así como ellos han cambiado, lo mismo ha sucedido con la situación en casa.

- Los jóvenes que han terminado sus programas deben recibir de seis a 12 meses de terapia posterior, ya sea en el establecimiento donde asistieron al programa o a través de los grupos de los Doce Pasos, como Alcohólicos Anónimos, Drogadictos Anónimos, etcétera.

- Además de establecer un nuevo contrato familiar, los padres pueden ayudar a su hijo para que no reincida, de la manera siguiente:

1. Elogiarlo cuando sea oportuno.
2. Ayudarlo a cultivar nuevos intereses, a través de una combinación de actividades programadas y no programadas.
3. Fomentar otras alternativas para manejar la tensión y para sentirse bien sin drogas.
4. Estimular su individualidad, para que tenga otras formas de expresarse, que no sean el mal comportamiento.
5. Encaminarlo hacia metas a largo plazo, como una carrera, pero sin presionarlo.
6. Asegurarle que puede contar con ustedes todo el tiempo, si necesita apoyo o consejo.
7. Seguir ayudándolo con sus habilidades para decir **no**.

- Uno de cada tres jovencitos que terminan la rehabilitación, reincidirá.
- En el peor de los casos, si el tratamiento fracasa o si el muchacho termina el programa de rehabilitación pero reincide en el consumo regular de alcohol o drogas, los padres no

deben permitirle que se quede en casa sino hasta que demuestre que ha dejado de consumir cualquier droga y que está recibiendo atención como paciente externo. Si su hábito es tan severo, al grado de haber creado dependencia, antes de que pueda regresar a casa debe someterse a una desintoxicación, seguida de un tratamiento como residente o como paciente interno, en las mismas instalaciones donde ya estuvo antes, pero esta vez *por su cuenta*.

Cómo evitar que sus hijos consuman drogas
Tipografía: *Compuvisión*
Negativos de portada e interiores*: Reprofoto*
Esta edición se imprimió en octubre de 2000,
en *Editores Impresores Fernández S.A. de C.V.*
Retorno #7 Sur 20 #23, México D.F. C.P. 08500